ヘンリ8世の迷宮

The Labyrinth of Henry VIII

イギリスのルネサンス君主

指 昭博
Sashi Akihiro
編

昭和堂

ヘンリ8世の迷宮

The Labyrinth of Henry VIII

目次

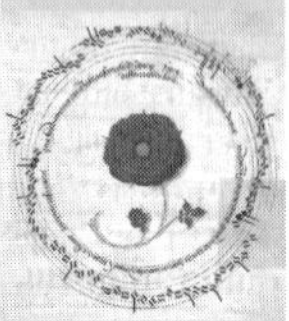

I　ヘンリとはどのような人物であったのか？

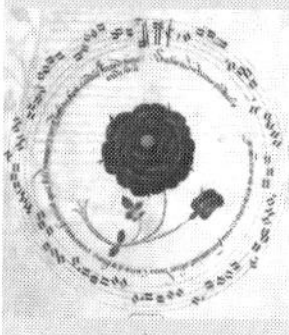

II

ヘンリの国内統治はどのようなものであったのか？

III

ヘンリの対外政策はどのようなものであったのか？

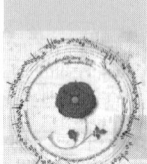

VI
ヘンリの死とその後の影響

装幀・扉図版一覧

カバー

表中央：ホルバインの原画にもとづくヘンリ８世像

表上：20 歳前後のヘンリ８世

表下：死の床のヘンリ８世

裏：テューダードラゴン（指昭博撮影）

袖：テューダーローズ

大扉：壮年期、1536 年のヘンリ

部扉

I　ジョン・スピードの地図（1611 年）に描かれたリッチモンド宮殿

II　ヘンリ時代のハンプトン・コートを描いた素描

III　ナンサッチ宮殿（17 世紀ドイツで刊行された版画）

IV　ジョン・フォックス『殉教者の書』挿絵に描かれたウィンザー城

＊本書の装幀・扉・目次・章見出しに使用している図版については、巻末文献一覧を参照。

はじめに――名君か暴君か

イギリス国王のなかでも、ヘンリ八世ほどその評価に大きな幅がある王はほかにいないだろう。近代イギリスの礎を築いた英明な君主、ルネサンス的教養を身に付けた学識豊かな王という評価もあれば、政治家の采配に踊らされた凡庸なる王、または私欲のために妃を離縁し国教会を設立した専制君主、気に入らなくなった妃を次々と処刑した好色漢、といった正反対の評価がいまだに議論され続けている。その評価は、名君と暴君という両極端の間を揺れ動いている。はたして、ヘンリの実像と、その治世の実際は、どういったものであったのか。本書では、ヘンリ八世の人物像とその世界を、さまざまな角度から描き出してみたいと思う。

まず、ヘンリの治世をざっと概観してみよう。個別の問題については、本書の各章を見ていただくとして、ほんの概略だけをたどってみる。ヘンリ・テューダー、のちのヘンリ八世は一四九一年、イングランド王ヘンリ七世とその妻ヨークのエリザベスの次男として生まれた。若い頃から、ルネサンス的な教養を身に付ける一方で、騎士道にあこがれ、ルネサンスという時代の雰囲気を体現した人物であったといわれる。溌剌とした、いわば気楽な次男坊であった彼の運命を大きく変えたのが、一五〇二年の兄アーサーの死であった。

「アーサー」という名前には、ヘンリ七世の大きな期待が込められていた。この名前は、古代ケルト伝説のアーサー王に由来し、ウェールズ出身のテューダー家の権威を高めるべく選ばれた名前であった。テューダー朝こそが、いにしえのアーサー王の末裔であり、将来の王アーサーこそはその再来というわけである。じつは、以前にもプランタジネット朝の始祖ヘンリ二世が同じ手を使っている。彼は、ブルターニュ公国に「婿入り」した息子ジョフリの最初の男子を「アーサー」と名付けている。ウェールズとつながりの深いケルト系のブルターニュにおいて、この子こそが正統なブルターニュ公国の後継者であることを印象付けようとしたのだ。

そのプランタジネット朝の末裔であるリチャード三世を戦いで破って、なかば王位簒奪のようにその王朝を始めたテューダー家にとっても、同様のイメージ戦略は必須のものと考えられた。その意味で、王子アーサーにスペイン王室、すなわち外国から妃を迎えることができたことは、テューダー朝が「正統」な王朝であることを内外に示す重要な外交の成果であった。この結婚に関しては、よく「弱小国」イングランドが「強国」スペインから妃を迎えた、という風にいわれるのだが、それはいささか実態とは異なる。当時のスペインは、レコンキスタが終わり、コロンブスが三度目の航海を終えたばかりで、ようやくカリブ海に植民地を築こうとしていたところで、インカやアステカはまだその視野に入っていなかった。この時点で、その後のアメリカ大陸に広大な植民地を持つ強大なスペインのイメージを反映するのはよくない。それでも、アーサーが急逝した際、妃キャサリンをスペインに戻すことは、避けたいことであった（輿入れの際の持参金を返却するのも惜しかったといわれる)。結局、弟ヘンリが王位とともに、キャサリンを妻とすることになったが、これがのちに大きな問題を引き起こすことになる(第1章)。

もっとも、一五〇九年、一七歳で即位したヘンリは、当初、そういった重責には無頓着であったのかもしれない。煩雑な政務は、父ヘンリ七世の晩年頃から宮廷内で頭角を現していた聖職者トマス・ウルジーを重用して、彼にまかせることになる。王の信任を背景に、ウルジーは、ヨーク大司教、枢機卿、大法官といった聖俗の要職に就き、その権勢をほしいままにした。とくに外交面で、ヨーロッパでの軍事的成功を願うヘンリの意を受けて、その政治手腕を振るうことになる。しかし、幾度か試みられた大陸への軍事介入は、ハプスブルクとフランスの対立を基軸として動いていた国際情勢のなかで翻弄され、はかばかしい成果をあげることができず、軍事費負担ばかりが増えていくことになった。イングランドが大陸に広大な領土を持った中世の栄光を復活させるという気宇壮大な企ては、もはや時代錯誤の夢想——中世物語に正気を奪われた

図1　20歳前後のヘンリ8世
出典：Starkey and Doran, 2009, p.58.

ドン・キホーテを想起させる――であったかもしれないし、なにより高価につきすぎた。父ヘンリ七世が残した健全な王室財政は、あっという間に傾き、ヘンリは解決策を見つける必要に迫られる。のちの宗教改革による教会財産の没収などもその一環であった。

華やかだったヘンリの治世に暗い影が差し始めるのが、後継者問題に発する妻キャサリンとの離婚問題である。この騒動から、ローマ教会との決裂、国教会の設立という、イギリス史の大きな転換が始まることになった。近年は、以前のように、ヘンリ時代にすべてが変わったような急激な変化を唱える歴史家は減り、もっと漸次的な変化であったことが明らかにされているが、ヘンリの時代がひとつの転機であったことは間違いない。

この転換点に活躍したのが、離婚問題の処理に失敗して失脚したウルジーにかわって国政を担ったトマス・クロムウェルである。クロムウェルは、宗教改革を利用して、修道院を解散し、その膨大な土地財産を国王のものとした。この土地はのちには財政逼迫のため売却され、購入者を中心に新しい地主ジェントルマン層が形成され、その後のイングランド統治を支える階層になった。また、彼が行政をつかさどっていた一五三〇年代には、枢密院の制度が整うなど、行政改革も進んだ。ウェールズがイングランドに併合され、制度的に一体化したのもこの頃である。それでも、ヘンリ七世も支配に手こずったイングランド北部では、宗教改革に反対した「恩寵の巡礼」などの反乱が続いたため、ヨークに「北部評議会」を置いて掌握をはかるものの、大貴族の力は以前として強く、ヘンリには悩みの種であり続けた。

宗教改革路線を維持し、大陸のプロテスタント諸国との連携に苦心していたクロムウェルは、一五四〇年に突然失脚する。これ以上の改革を快く思わない宮廷内の保守派の策動があったのは間違いないと思われるが、クロムウェル亡きあとのヘンリは、ふたたび大陸進出の夢を追うことになり、スコットランドとも事を構えるようになった。しかし、このヘンリ晩年の対外戦争も、莫大な財政負担だけを残し、目立った成果を得ることはなかった。

ヘンリ八世の四〇年ほどの治世は、その方向性が一貫していたわけではなく、かなりの振幅を持っている。宗教的にも、親カトリックからプロテスタントの間で揺れ動くし、外交面でも、国際関係の常として、諸外国の生き馬の目を抜くような権謀術数に翻弄されている。ヘンリ自身も、「基軸がぶれない」とはとてもいえず、その気まぐれな意向に振り回された人びとも多くいた。ウルジーやクロムウェルもその犠牲者といえるが、最もよく知られるのは、離婚問題に賛意を示さなかったため処刑されたトマス・モアだろう。映画などでたびたび取り上げられたエピソードであるが、モアの毅然とした態度がやや英

図2　30歳頃のヘンリ8世

出典：Lloyd and Thurley, 1990, p.26.

雄的に賛美されすぎているために、他の周辺にいた人物が、王の権威を笠に着る者か、王に追従するばかりの風見鶏であったという印象を持ってしまいがちである。しかし、後世の歴史で悪役の代表格となるウィンチェスター主教スティーヴン・ガードナーにしても、良心と王への服従の狭間で苦悩し、投獄の憂き目もあっているように、その服従・妥協にはそれぞれの苦衷があった。ヘンリに振り回された人びとの悲喜劇の色模様は複雑である。

そして、ヘンリの時代を評価するうえで、一番やっかいなのも、このヘンリの振幅の大きさである。しかも、最初にも書いたように、ヘンリの歴史的な評価も、これまた振幅が大きい。大ざっぱにいえば、二〇世紀半ばまでは、ヘンリ八世に対しては、いろいろと個人的な性格に難はあっても、その統治に関しては英雄的な王としての評価が一般的であった。やはり、宗教改革を断行し、「国民国家」としてのイングランドを確立し、強力な海軍を整備して（遙かのちの）大英帝国の礎を築いた偉大なる国王、という理解である。その色恋のスキャンダルも、「英雄色を好む」といったエピソード程度の瑕疵にすぎなかった。まさに、有名なホルバインの肖像画のように、イギリス近代の入り口に仁王立ちをして屹立する王といったイメージである。

それに対して、二〇世紀半ば、歴史家G・R・エルトンが、そうした歴史の転換の青写真を描いた人物としてトマス・クロムウェルの存在をフレーム・アップすると、ヘンリはクロムウェルの操り人形のような存在になってしまった。当然のことながら、クロムウェルを処刑したのちのヘンリには、自らその代わりを務める器量はなく、無益な対外戦争の晩年しか残されない、ということになる。

このエルトン説は近年批判にさらされて、かつてのような圧倒的な影響力を持たないが、それでも、ヘンリの治世は、一五二〇年代までの「華やかなルネサンス君主の時代」、一五三〇年代の「改革の時代」、一五四〇年代の「(無益な) 対外戦争の時代」という風に単純化することもできるし、それは、おのおの「ウルジーの時代」「クロムウェルの時代」「ヘンリ親政の時代」といい換えることもできそうである。

また、一五三六年にヘンリ治世のひとつの画期を見ることもできる。アン・ブリンの処刑、ジェイン・シーモアとの結婚、修道院解散の始まり、「恩寵の巡礼」の勃発、ウェールズの併合、いずれも歴史を画する出来事である。この一五三〇年代半ば、すなわち国教会の確立頃までの――「近代イングランド国家を確立した」諸政策を実現した――「名君」ヘンリと、その後の迷走する――宗教改革の方向性がぶれ、対外戦争に貴重な財産を蕩尽してしまう――「暴君」ヘンリに、大きな亀裂を見る評価もある。ヘンリが

図3　晩年 (50代) のヘンリ8世
出典：Starkey and Doran, 2009, p.256.

一五四〇年に死亡していたなら「英国史上最も偉大な王」であったかもしれない、という辛辣な評価すらある。この変化の原因としては、ヘンリ自身の思惑はもちろん、宮廷内での派閥の勢力争いなど、さまざまな議論のあるところだが、なかには一五三六年にヘンリが馬上槍試合で落馬し、一時意識を失った事故の影響を想定するものまである。

このようにヘンリ時代の性格がさまざまに色分けされ、その妥当性が議論されるということは、結果として、ヘンリ自身の性格や時代の特徴を捉えにくくしていることは確かである。本書は、このように多面的で謎の多いヘンリ八世の人物像とその時代を、さまざまな角度から描き出してみようという試みである。じつは、これまで日本では、おもしろおかしくスキャンダラスに取り上げたものはともかく、ヘンリ八世の時代を正面から検討した書籍はほとんどなかった。本書がヘンリ八世という迷宮のような人物の「入口」となれば幸いである。ただし、一筋縄ではいかない迷宮である。道を見失わないようにご用心。

（指　昭博）

I ヘンリとはどのような人物であったのか?

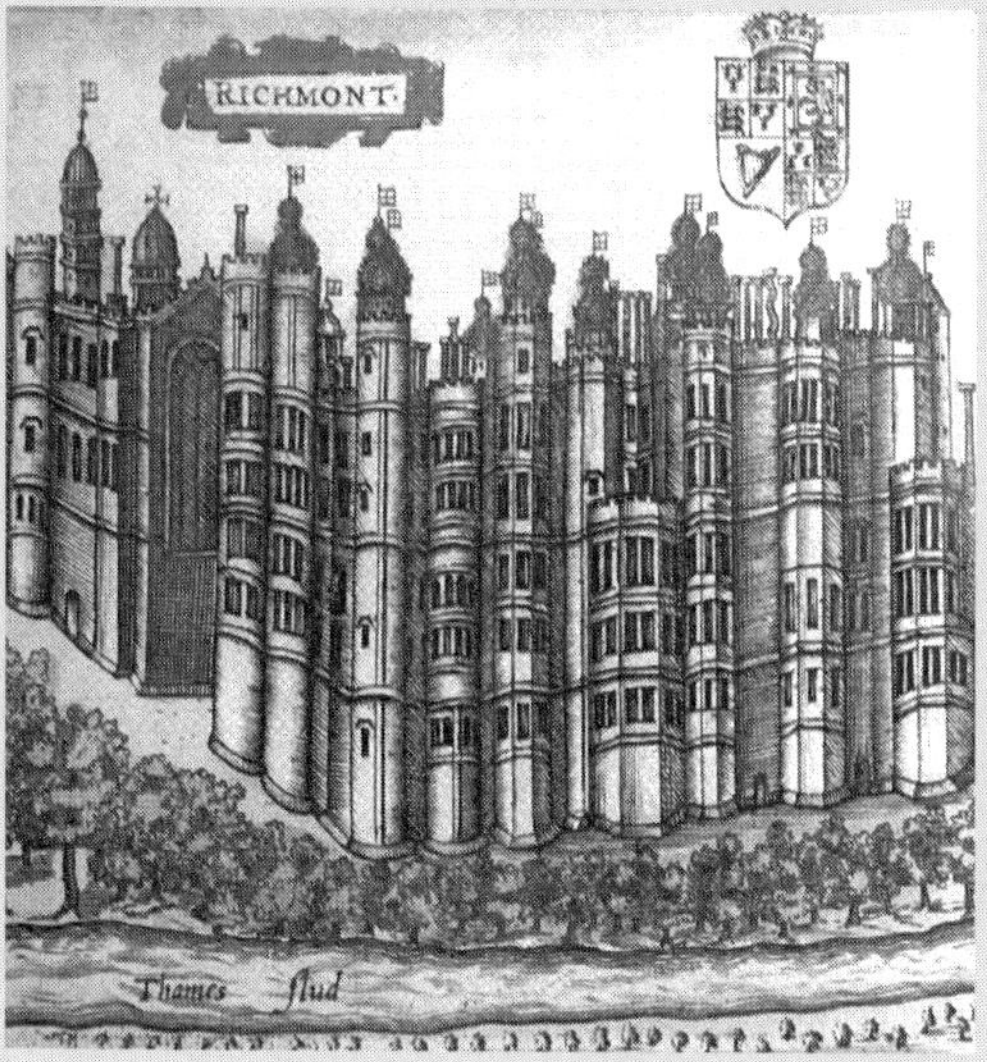

1

ヘンリ八世の六人の妻

ヘンリに六人の妻がいたことはよく知られているが、たいていは横暴で好色な暴君イメージを飾るエピソードとして語られることが多い。「青髭」伝説のモデルがヘンリであるという説すらある。結婚と離婚を繰り返したといった説明も一般的だが、正確にいえば、結婚の解消は二度（しかも、クレーヴのアンとは実質的な結婚生活はほとんどなかった）だけで、あとは妻の処刑（もっとも、これも強制的な解消策といえるかもしれない）が二度、妻の病死が一度である。

さらに、スペイン王家出身の最初の妻キャサリン・オブ・アラゴンとの関係にイングランドの宗教改革の契機があったように、ヘンリの妃の問題には、宮廷内の派閥抗争にからむ、その時々の宗教・政治の問題が色濃く反映していた。ヘンリの妻に関して書かれたものは、興味本位なものも含めて山ほどあるが、従来、ヘンリもしくは個々の妻の視点から描かれることが通例であった。本章では、視点を変えて、ヘンリと同様、妻となった六人の女性をすべて知る存在であった娘メアリの立場からヘンリの妻たちとの関係を見てみたい。

1 キャサリン・オブ・アラゴン

メアリはヘンリと最初の妻キャサリン・オブ・アラゴンの間に生まれた娘である。キャサリンとヘンリにはその他にも子どもが生まれはしたが、生き残ったのはメアリだけであった。そして、この唯一の子どもが女児であったことが、ヘンリの結婚問題、そして国教会の成立へと事態を向かわせることになる。

メアリについては、幼少の頃から他国の王侯との結婚交渉が進められているが、いずれも進展しなかった。一時、カール五世との婚約もなされたが、ほどなく解消されている。もっとも、他に子どもがいないなか、メアリを他国に嫁がせるということがどれほど真剣に考えられたのだろうか。将来の両国の合併の可能性すらある結婚である。その選択には慎重が期され、さまざまな思惑があったはずである。

イングランドでは女性の王位継承権が認められていたので、メアリがヘンリの後継者になることは、法的には問題はなかった。メアリの祖母にあたるスペインのイザベラも女性で君主となっている。しかし、テューダー朝はヘンリの父、ヘンリ七世によって打ち立てられてまだ半世紀にもなら

図 1-1　アーサー

出典：Starkey and Doran, 2009, p.38.

図 1-2　キャサリン・オブ・アラゴン

出典：Starkey and Doran, 2009, p.59.

ず、プランタジネット朝の血統を引く男性も残っていた。女性であるメアリとプランタジネットの男性では、どちらが上位の王位継承権を主張しうるのかは微妙な問題であった。少なくとも、王位を主張して反旗を翻すことは可能であったことから、ヘンリは男性嫡子を切望したのである。しかし、キャサリンに新たな子どもを期待することは難しくなっていた。そもそもキャサリンは、ヘンリの兄アーサーの妻としてスペインから輿入れしたが、アーサーの急逝により、スペインとの同盟を維持するために、弟ヘンリの妻とされた女性であった。ここにのちの国教会成立にいたる伏線が敷かれることになった。

キャサリンとの子どもをあきらめたヘンリは、別の女性との間に男児を儲けることを画策する。そのときヘンリの目にとまったのが、アン・ブリンであった。ブリン家は、もとはアイルランド貴族の爵位を持つ家柄であったが、ヘンリ八世に重用され、イングランド貴族の爵位（ロッチフォード子爵）を得ていた。アンの母はノーフォーク公の娘である。アンには姉メアリがおり、ヘンリははじめはメアリに関心を持ち、子どもも儲けたが、認知することはなかった。

早い話、アンに乗り換えたヘンリであるが、正式な結婚による子どもでなければ王位を継承させるわけにはいかないと考えていたので、当然のことながら、キャサリンとの結婚を解消する必要に迫られる。庶出でもよいなら、すでにヘンリには男子（リッチモンド公ヘンリ・フィッツロイ）がいたが、嫡出子にこだわるヘンリはリッチモンド公への王位継承は考えなかったようである。

一般に「離婚問題」とされるが、教会は離婚を認めていなかったので、正確には「結婚無効」の訴えである。その主張の根拠は、キャサリンが兄アーサーの妻であり、聖書は兄弟の妻との結婚を認めていないというものである。この問題は当初からわかっていたことであったので、ヘンリとキャサリンの結婚に際しては、父ヘンリ七世が時の教皇ユリウス二世から特別許可を得ていたという事情がある。要は、その特別許可が間違いであったので、当初からこの結婚は無効であり、存在しなかった、という主張である。

ただ、この無効申し立ての理由が単なる方便であったのか、それともヘンリ自身が、自分たちに男子が産まれないのは、兄嫁と結婚したことへの神罰であると本気で考えたのかは、判断は難しい。一六世紀に生きた普通の人間として、自らの境遇になんらかの神の意志を感じることは当然あっただろう。

当時、王侯からのこうした訴えは、それほど問題なく認められるのが普通であったようで、ヘンリもそれを期待したのだろう。まして、宗教改革を始めたルターへの論駁書を刊行するなど、教皇への貢献も大きいと自負していたヘンリである。ところが、キャサリンの甥であった神聖ローマ皇帝カール五世の圧力によって、教皇がヘンリの主張をなかなか認めないという事態にいたり、話はこじれてしまう。

離婚問題が浮上してきた頃、メアリは一〇代前半であったが、ラドロウに置かれたウェールズ辺境評議会の長として、名目的にせよ、ウェールズ支配の責任者であった。この任命も、ヘンリがメアリの即位を想定していた証とも解釈できるのだが、結局は、キャサリンとの対立から、メアリもロンドンへ呼び戻され、その後、苦難の時間を過ごすことになる。

2　アン・ブリン

一五三三年、ヘンリが任命したカンタベリ大司教トマス・クランマーによって、キャサリンとの結婚が無効と宣言された。この時点では、まだ「国教会」の設立にはいたっていないが、当時すでにアン・ブリンはヘンリの子どもを宿しており、その出産までに「正式の」結婚をしなければ、生まれてくる子どもが非嫡出子になってしまうので、急ぐ必要があったのである。

この無効宣言によって、当初からヘンリとキャサリンの結婚は存在しなかったことになり、自動的にメアリは非嫡出子の扱いとなった。それは、キャサリンに与していたメアリにとっては屈辱であったにちがいないし、とうてい承認できるものではなかった。メアリにとって、キャサリンの後釜に座ったアン・ブリンとクランマーは許すことのできない存在であった。自らを庶子とは認めないメアリとヘンリとの対立が続くことになり、ヘンリとの「離婚」以降、キャサリンとの接触も許されなかったので、母娘にとってはつらい時期が続くことになる。一五三六年一月には、軟禁状態にあった母キャサリンがこの世を去っている。キャサリンはピーターバラ修道院（修道院解散後、主教区再編によって新設されたピーターバラ主教区の主教座聖堂となる）に埋葬され、いまもそこにキャサリンの墓を見ることができる。メアリは母の葬儀への出席も許されなかった。

図 1-3　アン・ブリン
出典：Starkey and Doran, 2009, p.115.

一方、王妃の座を得たアンに期待されたのは、男児を産むことであった。ヘンリに国教会の成立への道を急がせた最初の妊娠で生まれた子どもは女児（エリザベス）で、ヘンリを失望させた。不運にも、その後のアンは妊娠はするものの流産を繰り返し、男児を儲けることはできず、ヘンリのアンに対する関心は急速に衰えていく。もちろん、その間、宮廷内でアンがひとり孤独にいたわけではない。アンの周辺にはプロテスタント勢力が集い、宗教政策に強い影響力を行使していた。彼らにとって、カトリックのメアリは邪魔な存在であったことは間違いなく、メアリ排除の試みが繰り返されたようである。メアリにとって身の危険を感じるような事態は、このあとも繰り返される。身の安全のために国外へ逃れるという選択肢もあったが、国外脱出はイングランドでの自らの権利を放棄することになると考えたメアリは、そのたびにイングランドに留まっている。

アンから男児を得ることをあきらめたヘンリは、一五三六年五月に罪をかぶせてアンを処刑した。複数の男性との姦通（しかも近親相姦を含む）とメアリおよびヘンリ・フィッツロイの殺害を企てたというのがその罪状であったが、それらはでっち上げというのが一般的な理解である。アンの処刑は、当時のイングランドでおこなわれていた斧による斬首ではなく、本人の希望で、フランスから処刑人を呼び寄せ、刀剣によって斬首された（ちなみに、苦痛が少ないと考えられた斬首は、高貴な者に対する処刑法で、一般庶民は絞首刑であった）。非情にもヘンリは、アン処刑の翌日、次の妃となるジェイン・シーモアと婚約し、処刑の一〇日後に結婚した。

3　ジェイン・シーモア

ジェインはキャサリン、アンの侍女として宮廷に出仕していた女性である。シーモア家は、父ジョンがナイトの称号を得てはいたが、ブリン家のような貴族の家柄ではなかった。ジェインの結婚により、シーモア家は兄エドワードが貴族（ハートフォード伯、のちにサマセット公）に叙せられ、ヘンリの死後、国政を牛耳ることになる。ジェインとメアリの関係は、あまり知られていないが、ジェインはかつて仕えたキャサリン・オブ・アラゴンへの敬意を持っていたとされ、その娘メアリに対しても相応の敬意を払ったと思われる。

この頃、メアリはヘンリからの圧力に屈して、自らの庶出を認めている。すなわち、ヘンリが母キャサリンに対しておこなった一連の行動を承認するということである。これまで一貫してそれを拒否していたメアリの行動は、ヘンリにとって頭の痛い問題であったため、メアリの相談相手であった側近を排除するなど締め付けを強めていた。メアリは死の危険（反逆罪などをでっち上げられる可能性）すら感じるようになり、ついにヘンリの要求を入れたのである。これによって、父娘の関係は好転することになる。

ジェインとの結婚からヘンリ待望の男児エドワードが生まれることになる（一五三七年）が、ジェイン自身は産褥のために亡くなってしまう。この男児がのちにエドワード六世として、ヘンリの跡

図 1-4　ジェイン・シーモア
出典：Starkey and Doran, 2009, p.188.

を継ぐことになる。二〇歳も年が離れていた弟エドワードとメアリの関係は微妙である。エドワードの即位に関しては、自らの正統性、すなわち王位継承権を信じていたメアリではあるが、とくに異を唱えていない。おそらく、ジェインとヘンリの結婚がなされたとき、すでにキャサリンは死亡しており、メアリにとってヘンリとジェインの結婚は「正当なもの」と理解されていたのだろう。その理解からは、当然、男子であるエドワードは、女性であるメアリよりも上位の継承権を持つ正統なヘンリの後継者となるわけである。

しかし、エドワード時代はメアリにとってはつらい時代になった。プロテスタントとして育てられたエドワードは、メアリのカトリック信仰を疎ましく思い、メアリのハウスホールド内でおこなわれていたカトリックの礼拝をやめさせようと圧力を加えることになる。

ついには、ヘンリ八世が定めた王位継承法の規定を廃して、メアリとエリザベスの王位継承権を否定し、自らの後継者を傍系のジェイン・グレイと定めてしまう。そこに少年らしい一途な思いがあったのは確かなようだが、その背後には、当時国政を牛耳っていたノーサンバランド公の思惑も色濃く反映していた。これがメアリとジェイン・グレイの王位をめぐる争いを生み出すことになるが、それはのちの話である。

4 クレーヴのアン

ジェインの死後、ヘンリはふたたび、自らの配偶者とともに、子どもたちの結婚相手も探すという結婚「政策」に乗り出す。ここでヘンリの視線は海外に向けられた。スコットランド王ジェイムズ五世の妃であったギーズのメアリ（マリー）、デンマークのクリスチーナなどが候補に挙がった。ジェイムズ五世はヘンリとの戦いで命を落としているのだから、かなりの厚顔無恥といえるかもしれない。子どもが外交のコマであることは当時の常識であったが、依然として非嫡出の扱いながら、この頃にはヘンリとの関係を修復していたメアリもその対象であった。メアリにはポルトガルやフランスの王室との縁談が交渉されたが、実現にはいたらなかった。

もちろん、こうした外国との結婚交渉は、同盟関係の締結のための手段であって、単なる色恋の話ではない。そうはいっても、やはり当事者の容姿が重要な判断材料であったことも間違いない。こういった王室間の縁談交渉の際に必要であったのが肖像画である。ヘンリのもとからは宮廷画家ハンス・ホルバインが派遣され、花嫁候補の肖像画を描いてヘンリのもとに送った。今日残されて

図 1–5　クレーヴのアン
出典：Starkey and Doran, 2009, p.222.

いる、当時のメアリを描いた肖像画も、こういった結婚交渉のために用いられたものである。

結局、四番目の妃となったのが、ドイツのユーリヒ・クレーフェ・ベルク公家のアンである。クレーフェを英語読みした「クレーヴのアン」として知られる。ドイツのプロテスタント諸侯との連携を模索していたトマス・クロムウェルの尽力で迎えた妃であった。クレーフェ公自身の信仰は、反教皇ではあったが、ルター派とも距離を置いたもので、ヘンリの性向にも合致したものであった。このとき、メアリにもクレーフェ公との縁談が取り沙汰されている。

このときもホルバインが派遣されて、公の姉妹であるアンとアメリアの肖像画を描いて持ち帰った。ヘンリはそれらの肖像を見て、アンを選んだわけである。しかし、この婚姻は、このホルバインの描いた肖像画が実物より美しかったために、実際のアンを見たヘンリが、一目見て失望したという逸話で知られる。結婚を回避することはできなかったので、一五四〇年に（ヘンリはしぶしぶ）結婚するが、半年後、結婚の無効が宣言されることになった（理由としては、アンの以前の婚約がきちんと解消されていなかったというもの)。

実際のところ、アンがどういった女性であったのか、伝えられる人物像には幅がある。逸話に反して、かなり端正な容姿であったとも伝えられている。教養に欠けていたという評言もあったが、立ち居振る舞いは優雅であったとされる。アンは結婚解消後は「王の妹」という称号と複数の居城を得て、宮廷内に出入りを続けることになる。宮廷内の女性の序列では、王妃やメアリ、エリザベスに次ぐ高いものであった。メアリとはほぼ同年齢である(アンの方がひとつ年上)ことから、両者の関係は良好であったとされ、その関係は終生続いた。アンとメアリでは、信仰が違うので、両者の関係は意外かもしれないが、アンはそれほど宗派にこだわるような信仰の持ち主ではなかったようだ。ヘンリとの結婚に際してそれまでのルター派から国教会に移っているし、メアリの即位に際してはカトリックに改宗している(当時の多くのイングランド人と同じである)。アンはヘンリの妻のなかでは、最ものちまで生き残り、一五五七年(メアリの亡くなる前年)に死去した。

5　キャサリン・ハワード

五番の妃となったのが、クレーヴのアンの侍女であったキャサリン・ハワードである。アンに失望したヘンリが、その近くにいたキャサリンに注目したとされる。キャサリンは、姓からもわかるようにノーフォーク公ハワード家の血筋にあたり、アン・ブリンとは従姉妹の関係になる。ただ、

図 1–6　キャサリン・ハワード
出典：Starkey and Doran, 2009, p.228.

ハワード家とはいっても周辺に位置し、名門の令嬢といった生い立ちではない。その生年もはっきりしないが、結婚当時、まだ二十歳前であったようだ。

ノーフォーク公は、宮廷内での親カトリック保守派の重鎮であったが、キャサリンもカトリック信者であったとされる。ヘンリの宗教政策は、時期によって相当な振幅があるが、その背後では宮廷内の派閥抗争があり、綱引きをしていた。アン・ブリンもそうであったように、派閥抗争と王妃は密接に結びついていたが、キャサリン・ハワードに関しては、彼女の信仰が王にどれほどの影響力を持ったのかははっきりしないし、年若い彼女自身の働きかけがあった可能性は低いと思われる。

それでも、アン・ブリン以降プロテスタントの王妃が続いてきたなか、カトリックの王妃の誕生は、改革推進派には心穏やかならぬものがあったかもしれない。しかも、一五三九年の「六か条」によって、それまでのプロテスタント化にブレーキがかかっていた。宮廷内での保守派台頭を象徴するのが、キャサリン・ハワードとの結婚の当日に、それまで王の右腕として宗教改革を進めてきた中心人物であり、つい数か月前にエセックス伯に叙爵されたばかりのトマス・クロムウェルが反逆罪で処刑されたことである。この突然の失脚劇の背後にノーフォーク公などの保守派の暗躍があったことは容易に想像がつく。

カトリックのメアリとしては、同じ信仰を持つ女性であったのだが、両者の関係はあまりよくなかったようである。キャサリンは、メアリが自分に対して敬意を払わないと不満を抱いていた。二人とも宝石やドレスに関心が強く、ダンスが好きという共通した趣味を持っていたが、当時一流のルネサンス的な教養を身に付けていたメアリには、十分な教育を受けていない五歳ほど年下のキャサリンはいかにも無教養に思えたようである。

その育ちの問題が徒となって、キャサリンとヘンリの結婚はほどなく終焉を迎える。ヘンリと結婚する前に交渉のあった恋人と密会を続けていたことが露見し、姦通の罪で一五四二年二月に処刑されてしまう。どうも今回は、非はキャサリンにあったというのがおおかたの見方である。

6 キャサリン・パー

最後の妃キャサリン・パーとヘンリが結婚したのは、キャサリン・ハワード処刑から一年半後、一五四三年夏である。これまで、前妃との結婚解消後、間をおかずに新しい妻を迎えることの多かったヘンリにしては、やや長いインターバルである。

キャサリン・パーは、ウェストモーランドのサー・トマス・パーの娘で、母モードはキャサリン・オブ・アラゴンの側近くに仕えたこともあった。キャサリンの名前は女王にちなんで付けられたようである。父トマスはエドワード三世の血統に連なる人物であったようで、ノーサンプトンシァの州長官を務めるなど、貴族の爵位は持たないものの、北部の重鎮のひとりとして、宮廷でも国王の覚えがよかったようである。しかし、キャサリンが五歳のとき、一五一七年に父トマスは亡くなってしまう。母親はキャサリンに十分な教育を受けさせ、ルネサンス期の上流階級の女性らしい教養とプロテスタント信仰を身に付けることになった。

キャサリンは、一七歳でサー・エドワード・バラと最初の結婚をしたが、数年で死別した。その翌年、倍以上年の離れたラティマー男爵ジョン・ネヴィルと再婚し、貴族の令夫人となる。ネヴィル家はいわずとしれた北部イングランドの有力貴族の一族であった。一五四三年三月に夫が亡くなると、豊かな遺産を得たが、キャサリン・オブ・アラゴンに仕えた母親の縁でメアリのハウスホールドに入ることになった。そこでヘンリ八世の目にとまってしまう。その頃、ジェイン・シーモアの次兄トマス・シーモアと恋仲になっていたようであるが、キャサリンの教養に惹かれたヘンリはトマスをブリュッセルへの外交使節として追い払い、キャサリンに求婚した。

進んでであったのか、王の意向に逆らえないと観念してであったのかはともかく、求婚を承諾したキャサリンは一五四三年七月にヘンリと三度目の結婚をする。結婚式にはメアリとエリザベスも花嫁の付き添いとして出席した。王妃となったキャサリンは、メアリやエリザベスとも良好な関係を築き、二人と王との関係改善に努めた。その結果が、庶子扱いのままながらメアリとエリザベスの王位継承権を認めた一五四四年の王位継承法の制定につながったともいわれる。

メアリからすれば、四歳年上の新しい王妃は、かつて自分の母親に仕えた女性であり、信仰は異なるものの、高い教養を備えた信頼できる人物であったようだ。その良好な関係は、メアリが、キャサリンが企画したエラスムスの聖書注解の翻訳作業にも参加していることからもわかる。ヘンリ八世の晩年、まだ幼少のエドワードも含め、おのおの母親が異なり、立場も異なる姉妹弟（きょうだい）が、「母親」キャサリンの下で、「家族」としてまとまった、最後の平穏な時間を過ごすことになったとされる。

しかし、「家庭的な母親」という言葉だけでキャサリン・パーを語ることは、その役割を矮小化するだろう。ヘンリがフランスとの戦争で大陸に渡った際、イングランドの国政は摂政に任じられたキャサリンが担っている。実際に国王布告を出すなど、国王と同等の権力を行使していることは、キャサリン・オブ・アラゴンにも例があり、この時代の王妃として異例というわけではないが、キャサリン・パーの政治能力をうかがわせる点で注目してよい。

しかも、キャサリンは強いプロテスタント信仰を持ち、晩年のヘンリの宗教政策にも強い影響を与えたと考えられている。ジョン・ネヴィル夫人であった頃、北部でのカトリック反乱に遭遇し、その際の恐怖からも、いっそうそのプロテスタント信仰を強めたといわれている。その信仰が、体制に順応した受動的なものではなく、自らの信念に基づくものであったことは、ヘンリの死後に、プロテスタントの立場を明確にした自らの著作を刊行していることからも明らかである。宮廷内では、キャサリンの周囲に、上流の女性を中心に、プロテスタント信仰を持つグループが集まったとされる。

図 1-7　王女時代のメアリ

出典：Marshall, 1993, 表紙.

図 1-8　王女時代のエリザベス

出典：Lloyd and Thurley, 1990, p.72.

そのため、ウィンチェスター主教スティーヴン・ガードナーら、宗教改革の進展を止めたい保守派からは疎まれ、キャサリンを排除しようという企てが進行したといわれている。その際、嫌疑として持ち出されたのが、アン・アスクとの関係である。アン・アスクは、リンカンシァのジェントリの娘であったが、強烈なプロテスタント信仰を抱き、意に染まない結婚に反発して、夫を捨ててロンドンへ向かい、そこで説教をおこなうなどしていた。そこで宮廷内の対立に巻き込まれてしまう。キャサリンとの関係だけでなく、アンの兄（弟）のエドワードがカンタベリ大主教トマス・クランマーに仕えていたため、クランマーの追い落としをも狙っていたガードナーらの格好の標的となったのだろう。アスクは「異端説」を広めた廉で逮捕され、ロンドン塔で拷問にかけられ、宮廷内の支援者の名前を白状するように責め立てられたが、誰の名前も口にすることはなかった。アンは、一五四六年七月にロンドンのスミスフィールドで、他のプロテスタントとともに火刑に処せられた。拷問で足腰が立たなくなっていたアンは、椅子に座ったままの状態で火刑となっている。アンとキャサリンに関係が本当にあったのかどうかはともかく、キャサリン追い落としの企ては失敗に終わった。

アン・アスク処刑の半年後、ヘンリ八世が死去する。キャサリンには、ヘンリの遺言で、一〇〇〇ポンドのお金と宝石など財物三〇〇〇ポンドが遺贈され、王の寡婦として豊かな収入が保証されたが、キャサリンは、宮廷に戻ってきたトマス・シーモアと密かに結婚する。王に先立たれた王妃の再婚は、かつてヘンリ五世の妃キャサリンがオーウェン・テューダーと再婚したという前例はあるものの、ヘンリの死後数か月でのこの結婚はやはりスキャンダルであり、メアリも快く思わなかったようである。キャサリン・パーは、ヘンリと結婚する前に他の男性と二度の結婚経験があるという点でも王妃としては異例の存在であったが、この再婚によって、四人の夫を持ったことになる。近世の庶民の女性であれば、「生きるために」夫と死別するたびに再婚を繰り返すのは普通のことであったが、生活の保証されたキャサリンが再婚したのは、やはりトマス・シーモアへの想いの強さを示しているのだろう。

トマスとの結婚後、キャサリンは、屋敷にエリザベスとジェイン・グレイを呼び寄せ、教育を施している。ほどなくキャサリンは、トマスとの間に、はじめての子どもを身ごもるが、その妊娠期

図 1–9　キャサリン・パー
出典：Loades, 1990, p.243.

間に、トマスはエリザベスに関心を寄せてしまう。そのことがあってか、エリザベスは屋敷を出され、その後、キャサリンとふたたび会うことはなかった。というのは、キャサリンは、はじめての出産で女児メアリ――メアリ・テューダーの名をもらった――を産むが、その数日後に産褥熱で死亡してしまう。三六歳であった。

さて、キャサリン・パーの肖像はいくつか知られるが、以前はジェイン・グレイの肖像とされていたものが一番よく知られたものだろう（もっとも、この肖像画は一九世紀にはキャサリン・パーとされており、現国会議事堂内の壁画でもキャサリン・パー像のモデルとして使用されている）。テューダー期の肖像画のなかでも「美女」と評判のものである。キャサリン・パーに対する歴史家の評価は総じて高いが、この肖像からも理知的で芯の強い、まさにのちのエリザベスに帰せられる性格を備えた女性を想像することができるだろう。

母キャサリンと父ヘンリ八世の離婚を認めなかったメアリではあるが、アン・ブリンとキャサリン・ハワード以外は、信仰の違いをも超えてヘンリの王妃たちと良好な関係を維持していたのは意外なようにも思える。その絆を維持したのが、ルネサンス的な教養の有無であったことは、この時代の宮廷の雰囲気をうかがわせて興味深い。しかし、キャサリン・パーの死後、先にも触れたように、メアリはエドワード時代にはつらい立場に置かれることになるのだが、それは信仰の違いがさらに厳しい脅威となる時代の幕開きでもあった。

（指　昭博）

column

ヘンリ八世からアン・ブリンへの手紙

これらの手紙は、ヘンリ八世がアン・ブリンに宛てて書いたラブ・レターである。ヘンリのアンへの愛情のほどがよくわかると同時に、キャサリンとの離婚問題の展開をうかがわせる記述もあり、興味深い史料である。これらの手紙が書かれた時点では、ヘンリは離婚問題の進展に楽観的な見通しを持っていたことが、文面からも読み取れる。なお、アンに鹿肉を送ったという記述が複数回現れるが、当時、狩猟は特権階級にのみ許されたものであったので、国王からの贈り物としてふさわしかったのである。

1　一五二七年七月上旬

あなたからの手紙の内容を思い起こすと、私にとって不都合なものなのか、それともそうでないのか、いったいどのように理解すればよいかわからず、とても胸が苦しくなります。あなたは、私たちの愛について、どのようにお考えなのか、どうか教えてください。あなたからその答えを聞かねばなりません。一年以上も、私は愛の矢に捕えられていますが、失恋するのか、それとも、あなたの心と愛情を得ることができるのかわからないのです。このような不安のために、あなたを恋人と呼ぶことができません。なぜなら、あなたは、私にありきたりの愛情しか持っていないからです。けれども、もしあなたが、私の真に誠実な恋人として、前からずっ

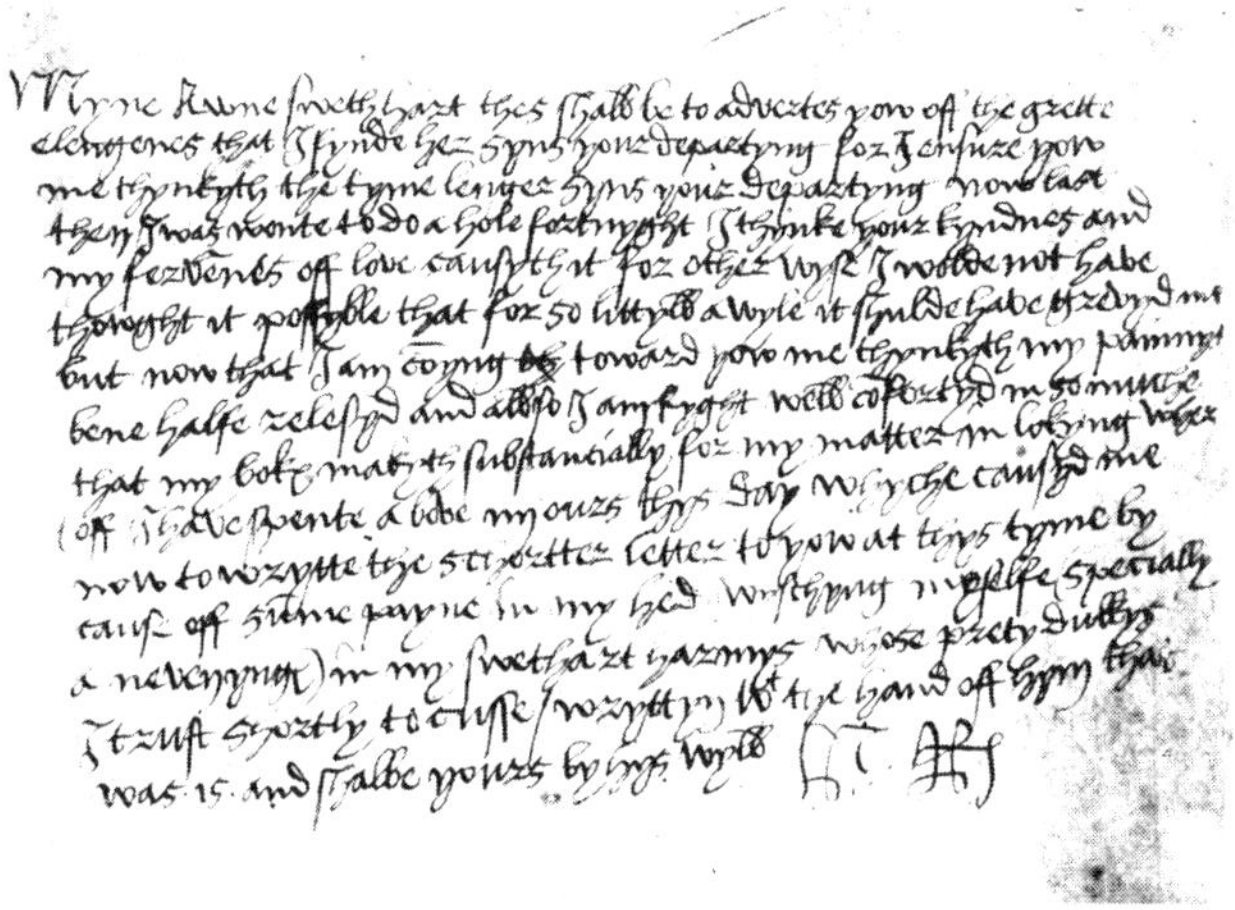

Myne awne swetthart thys shall be to advertes yow off the grette
elengenes that I fynde here syns youre departyng for I ensure yow
me thynkyth the tyme lenger syns your departyng now last
then I was wonte to do a hole fortnyght I thynke your kyndnes and
my fervens off love causyth it for other wyse I wolde not have
thowght it possible that for so lyttyll a whyle it shulde have grevyd me
but now that I am comyng toward yow me thynkyth my paynes
bene halfe relesyd and allso I am ryght well comfortyd in so muche
that my boke makyth substancially for my matter in lokyng wheroff
I have spente above IIII owres thys day which causyd me
now to wrytte the shorter letter to yow at thys tyme by
cause off some payne in my hed wysshyng myselfe specially
an evenyng in my swethartz armes whose pretty duckys
I trust shortly to kysse wrytten with the hand off hym that
was is and shalbe yours by hys wyll H R

図　ヘンリ8世からアン・ブリンへの手紙（1528年8月上旬）
出典：Woodward, G. W. O., *King Henry VIII,* London, 1969.

と、そしてこれからもあなたの最も忠実な下僕（貞節なるあなたが、私を下僕であると許してくださればば）である私に、心と体を捧げてくださるならば、私もあなたに私のすべてを捧げるだけでなく、あなた以外の女性に対する気持ちと愛情を捨て、あなただけに仕えます。このような私の無礼な手紙に、何をどのように信じればよいかわかるように、どうか返事をください。もし、手紙で答えることがお気に召さないならば、じかに言葉で答えてください。どこでその答えを聞けるか教えてくだされば、私は喜んで行きます。あなたのご迷惑にはなりませんので、ご心配なさらないように。あなたのものになりたいと切に願う王、ヘンリより。

2　一五二七年七月上旬

愛しいあなたは、前回お会いしたときに交わした、私が送った手紙に対する答えをくださるという約束を覚えておられませんでしたが、それでも、恋人の健康を訊ねることは、（そうでもしなければ、知りようがありませんので）本当の下僕にふさわしいことだと思います。その下僕のつとめを果たすために、あなたがどうしておられるか教えていただきたいので手紙を送ります。私は、神にあなたが私と同じくらい繁栄し続けるよう、またあなたがもっと頻繁に私のことを考えてくれるよう祈ります。また、昨夜私がこの手で獲った雄鹿を使者に持たせます。あなたがこの鹿を食べるとき、この狩人のことを思ってくれるといいのですが。もっと書きたいことはありますが、このあたりで終わりにします。あなたが、あなたの御身内の部屋にいることを願う、あなたの下僕たる王ヘンリより。

3　一五二七年七月上旬

私の恋人で友人のあなたへ。私は身も心もあなたの手にゆだねます。どうか、あなたに愛され、そしてその愛がなくなることも、減ることもありませんように。苦しみが増すことはつらく、その苦しみがなくなることだけが、これまで考えられるなかで最善のことです。天文学では、日が長くなると太陽は遠くなりますが、でも、その熱はより強くなります。つまり私たちは離れていますが、その愛は熱く燃え続けます。少なくとも私の愛は。あなたもそうだといいのですが。あなたがいない不安に、もう身を引き裂かれるようです。あなたの変わらない愛を得るという希望がないならば、この苦しい状態が続くことを考えるだけで、耐えがたいのです。そのことを時々思い出してください。あなたのそばにいられないので、私に一番近いもの、私の肖像画と、ブレスレットと、そしてあなたがすでにご存じの品々を送ります。本当は私が代わりにあなたのもとに行き、あなたを喜ばせることができればいいのですが。あなたの下僕で友人、王ヘンリより。

4　一五二七年七月下旬

どんなものよりも価値のあるプレゼントに心から感謝しています。それは、［装飾品が］高価なダイアモンドであったり、乙女がひとりで舵をとる船［の形をしている］からというのではなく、あなたのやさしさによる、すばらしい機知と、とてもつつましい従順さに感謝しているのです。思うに、あなたのすばらしい人柄や好意に惹かれていなければ、そういった恩恵にあずかることはなかったでしょう。あなたの好意こそ、これまでも、いまも、また、これからも、私の全力をもって、あらゆる手段を講じても、得たいと思うものなのです。そして「いまここでなければ、どこにもない」という格言に従って、そのような機会に巡りあうことを強く願ってきました。あなたが愛情を示してくださることが、まさにそれでした。あなたの手紙にすばらしい考えが表現されているので、私はとても光栄に感じ、あなたを愛し、心から仕えます。あなたも、私と同じように固く変わることのない決心を持ち続けてください。私はあなたに合った見返りをするだけでなく、できることなら、あなたの忠実さに勝っていることを示しましょう。また、以前にあなたを傷つけるようなことがあったなら、私を許してください。これからは、私の心をあなただけに捧げることを約束します。私の体もあなたに捧げられるといいのですが。私はそれがかなうように毎日一度神に祈ります。もし神が望まれるなら、きっとかなえてくださるはずです。心、体、気持ちにおいて、あなたに忠実で信頼の置ける下僕、あなただけを求める王へンリより。

5　一五二七年七月下旬

愛する人へ。あなたから手紙をいただいてからだいぶ時間がたってしまったように感じます。あなたへの大きな愛から、あなたがお元気か、また楽しく過ごされているか尋ねるために使者を送ります。あなたと離れてから、あなたは心変わりして、母上と一緒であっても、そうでなくても、宮廷に来てくださらないと聞きました。もしそれが本当だとしても、私があなたに何か悪いことをしてしまったとは、どうしても納得することができません。私はこれほどまでにあなたを愛していますが、私が世界で最も価値があると思う大切な女性から遠く離されているのは、あまりにも私の愛情への見返りが少なすぎるように思います。私が願うほどにあなたが私を愛して下さっているのなら、あなたにとっても、私たちの間の距離はいくらか不安でしょう。しかし、あなたの下僕が感じる不安に比べれば、あなたの不安はわずかなようです。愛する人よ、あなたがいないことがどれほど私を悲しませているか、よく考えてください。あなたもそのような状況を望んではいないと思いますが、もし望んでいるということが確かなら、私は自分の不幸を嘆き、次第に自分の愚かさを卑しむでしょう。時間がないので、そろそろこの無礼な手紙を結びます。お伝えしたことをすべてあなたが信じてくださいますように。あなたのまったき下僕たる王ヘンリより。

6　一五二八年六月一一日（ウルジー失脚の一六か月前。アン・ブリンからウルジー枢機卿へ。王の追伸付き）

猊下、私が不遜にも無礼でつまらない手紙であなたを困らせてしまったことを、どうかお許しくださることを、あらんかぎりのつつましさをもって、お願いいたします。何としても猊下がお元気でいらっしゃるか知りたいと思っていたためにとった行為であると思し召し下さい。いま手紙を持ってきた使者から、あなた様がお元気でいらっしゃると知らされました。猊下がお元気であることこそが、私が神に祈り続けてきたことなのです。猊下が私のために、昼も夜も、どれほど大変な心痛と困難に苦しまれたか承知いたしております。とても私が償えるようなものではありませんが、私は、生きとし生けるもののなかで、国王陛下の次に、あなたを敬愛しております。毎日の私の振る舞いが、私の手紙が真実であることを証明してくれると疑いませんし、猊下もそう思ってくださると信じています。猊下、教皇特使からの知らせを、あなた様からお聞かせいただけることを切に願っております。その知らせがあなた様からもたらされることを、またその知らせがとてもよいものであることを心から願っています。猊下も私と同じくらい、あるいは、無理だとはわかっていますが、私よりも強く願っていてくださると信じています。変わらぬ思いをもって手紙を結びます。あなたのつつましい下僕なるアン・ブリンより。

追伸（王より）

この手紙の筆者は、私のものとなるまで、あきらめることはないでしょう。短い手紙ですが、あなたが寛大にとってくださることを願います。二人ともあなたに会いたいと思っているのは確かです。また、あなたが最近の流行病（はやりやまい）を免れたと聞き、とてもうれしく思います。疫病の猛威はすでに過ぎ去ったとは思いますが、どうか健康によい食べ物を摂ってください。フランスに教皇特使が到着したことを知らなかったので、私たちはいろいろと思いを巡らせてしまいました。しかし、あなたは勤勉で慎重なので、（全能の神のご加護によって）まもなく問題は解決し、安心できるようになると思います。いまはそれだけですが、神があなたに、この手紙の筆者同様に、健康と繁栄をもたらすことを祈ります。あなたを愛する国王で友人のヘンリより。

7　一五二八年六月一六日

夜、私の元にとてもつらい連絡がきました。私を悲しませる理由は三つあります。ひとつ目は、世界で最も尊敬する恋人が病気になったことを聞きました。彼女の健康は、私の健康と同じくらい大切で、彼女が治るのなら、その病気の半分を喜んで引き受けましょう。二つ目は、会えない期間がさらに長引けば、考えうるかぎりのあらゆる不安に駆られてしまうのです（そうした困難な悩みから私を解放してくれるよう、神に祈ります）。三つ目の理由は、私が一番信頼する医者が、肝心要のときに、不在なのです。彼と彼の治療があれば、世界で最も大切な喜びである、私の恋人を治すことができるというのに。しかし、彼がいないので、私はもうひとり残っている医者をあなたのところへ派遣します。彼があなたの病をすぐに治すことを神に祈りましょう。もし治してくだされば、私はその医者をもっとひいきにしましょう。病気については、医者の助言に従ってくださるようどうかお願いします。あなたの行動は、世界中のどんな宝石よりも、私を元気づけてくれます。常に、そしてこれからもあなたの忠実で確実な下僕、王ヘンリより。

8　一五二八年六月二〇日

あなたの健康を心配するあまり、恐ろしいほど不安です。確かな話を聞くまでは、この不安は静まりそうにありません。しかし、あなたは何も感じておられなかったようなので、あなたも私と同じ気持ちであることを願っています。私たちがウォルトンにいたとき、二人の案内人、二人の近習、あなたの兄弟、財務担当長官が病気になりましたが、いまではとても元気です。私たちがホンドソンのあなたの屋敷に戻ってからは、とても元気になりました。神様のおかげです。いまでは家中に病人はいません。あなたも、私たちのように、サリーから離れれば、危険から逃げることができるでしょう。ほかにも、あなたを安心させることがあります。実際、このような病気がはびこる状況でも、病気になった女性はほとんどいないのです。とりわけ、宮廷では病で亡くなったものは誰もいませんし、他の場所でもほとんどいません。なので、私の愛する人よ、どうか怖がらないでください。私たちが一緒でなくても不安に感じないでください。なぜなら、私はどこにいても、あなたのものだからです。私たちは自分たちの不幸を受け入れなければならないときもあります。運命にあらがう者は、その目的の達成からかえって遠ざかってしまうものです。ですから、安心して、この不幸をできるかぎり気楽に考えるような勇気を持ってください。そうして、あなたが思い出を喜べるようになるとよいのですが。いまは時間がありませんが、あなたを腕に抱き、あなたの悪い考えを少し払ってあげられればいいのですが。いつも、そしてこれからもずっとあなたの下僕たる王ヘンリより。

9　一五二八年六月二三日

愛しき恋人へ　あなたが元気で幸せでおられるかを知るためにこの手紙を書きます。あなたが健やかであることは、自分のことのように喜ばしいことなのです。すぐに一緒になれるように、神に祈り（神もそう望んでおられるでしょう）、待ち焦がれていますが、遠からず実現すると信じています。愛しいあなたがそばにいないので、私を表す肉、つまり私の名前ヘンリ［のイニシャル］を表す牡鹿（hart）の肉を送ります。それを食べれば、神の意志により、あなたは私の一部を楽しむにちがいありません。神が喜ばれるなら、その肉こそ私なのです。あなたのお姉さんのことに関しては、ウォルター・ウェルシュに、私の気持ちを書いて送らせました。イブはアダムを惑わす力を持っていると思います。何といわれようとも、名誉のために、彼の庶出の娘がひどく困っているときに、助けないわけにはいかないのです、愛する人よ、あなたと過ごす宵を思って手紙を閉じます。あなたの王ヘンリより。

10　一五二八年七月七日

大切なあなたから最後に手紙をいただいてから、ウォルター・ウェルシュや、ジョン・ケア、薬剤師のジョン・コークなどが、この屋敷でひどい発汗症状を起こしましたが、（神のおかげで）みな回復しました。疫病はまだ完全には収まっていませんが、神の慈悲により、すぐによくなることでしょう。ほかの人びとはまだ元気で、疫病にかからないで、あるいは、病気になっても彼らのようにすぐに回復し、乗り切れると信じています。ウィルトン修道院の件ですが、［ウルジー］枢機卿は修道女たちを呼び寄せ、彼女たちを検査しました。ベル師が立ち会いましたので、真実だと確信していますが、その修道女（女子修道院長だと思います）は、さまざまな聖職者の子どもを二人、身ごもったことを告白しました。また、ブルック卿の使用人に預けていたので、それほど前のことではありません。それゆえに、この世のためにも、あなたや私は、良心に従い、この罪深い品行の女性を修道院の長にしてはなりません。あなたがそのようなことをするとは思いませんし、またあなたの兄弟や姉がそのようなことをするとも考えていません。名誉と良心を汚すようなことをしてはなりません。女子修道院院長やデイム・エリナの一番年上の姉に関しては、何も証拠はありませんが、修道院長は非常に年をとっているので、選任されたときと同じままではないでしょう。あなたにとってはうれしいことですが、彼女らのどちらでもなく、他の善良で友好的な女性が院長になるべきなのです。そうなれば、修道院は改善され、（改善すべき点はたくさんありますが）よりよい機能を果たすようになるでしょう。あなたのヒーヴァー城の住まいについては、好きなようにしてください。あなたにとって何が一番いいのかは、あなたが一番よくわかっているでしょう。けれども、（もし神が嘉されるなら）二人とも心配する必要がないように、ずっとあなたの元にいられればいいのですが。あなたが、そのように病で汗をかいて伏しておられるので、この使者を送ります。私があなたから便りを待っているように、あなたも私からの知らせを聞きたがっておられるにちがいないので。あなただけの王ヘンリより。

11　一五二八年七月二一日

ずっと待ち望んでいた時が近づいてきたので、まるでその時がすぐそこにきているかのようにうれしいです。しかし、二人が本当に会えるまでは、本当の完遂はないのです。あなたにお会いすることを、この世のなによりも待ち望んでいます。この世に、最愛の人と会うことよりも、大きな喜びがあるというのでしょうか。その女性も同じように思っていてくれると思いますが、彼女も同じように大きな喜びを感じてくれているのでしょうか。その人の存在がどれほど私に影響を与えているか、考えてみてください。その人に会えないことが、言葉や手紙で表現できないくらい、私の心に大きな傷を残しています。それを治すことができるのは、あなたが私の元に戻ることだけです。愛する人よ、お願いですから、あなたの父上に約束を二日早めていただきたいと伝えてください。約束より早く、遅くとも予定していた日には、宮廷に来てください。そうでなければ、私は、父上が約束通り恋人を戻さず、また私の期待に応えていないと思うでしょう。時間がないので、いまはこのあたりで手紙を終えます。あなたに会えない苦しみを、すぐにでも、あなたに直接言葉で伝えられるといいのですが。あなたと二人きりになれることを願い、いつも、そして、これからもあなたとともにある秘書にして、忠実で堅実な下僕より——あなただけを求める王ヘンリ。

12　一五二八年八月上旬

私の愛する人よ、あなたが行ってしまったのでとても寂しく感じています。あなたが行ってしまってから、この二週間というもの、時が過ぎるのはとても遅く感じます。あなたのやさしさと、私の激しい愛のせいでしょう。そうでなければ、そんなに短い時間で悲しむことはないはずです。しかし、あなたにもうすぐ会えるので、私の痛みは半減しています。また私の問題に重要な本を読んでいるので、楽になりました。一日四時間以上も手紙を書いていて頭痛がするので、今回は手紙を短くします。恋人の腕に抱かれて、その胸に触れられたら（とくに夜に）。ずっとあなたのものでありたいと願う王ヘンリより。

13　一五二八年八月二〇日

愛（いと）おしい人へ。あまり自由な時間がありませんが、あなたに約束したことは覚えていますので、状況を少し確認したほうがよいと思いました。あなたの住居についてですが、「ウルジー」枢機卿の資産から一か所獲得しました。使者があなたに詳しくお見せするように、このあたりではどうやっても見つからないようなものです。ほかの事柄については、できるかぎりの努力をしていることを保証します。今後は、どんな危険もなく、私たちも安心できると思います。詳しいことについては、長くなりますので、ここには書けませんし、使者に伝えさせることもできません。あなたがここに帰るまで、用意しておきますので、早く戻ってきてくださると信じています。あなたの父上に早急に準備を進めさせます。時間がなくなってしまったので手紙をとじます。

あなたの王ヘンリより。

14　一五二八年九月一六日

あなたからいただいた手紙にあった願いは筋がとおっていますので、喜んで指示を出し、あなたに手紙を書いています。私たちが心から望んでいたように、教皇特使が、この前の日曜日か月曜日にパリに到着しましたので、来週の月曜日までには、カレーに到着すると思います。そのあとしばらくすれば、私がずっと望んでいたように、神の思し召しで、やっと二人が安心できるようになります。時間がないので、私の大切な人への手紙はここまでですが、あなたに口づけをしてから、あなたを私の腕中に抱けたら、あるいはあなたの腕のなかに抱かれたい、とずっと考えています。もうすぐあなたのものになる者より。牡鹿狩りのあと、一一時（神のご加護のもと、明日も牡鹿をもう一頭獲ろうと思います）。王ヘンリ。

（翻訳：長谷川直子）

＊手紙のテキストは、Macnamara, Francis（ed.）, *Miscellaneous Writings of Henry VIII*, Waltham St Lawrence, 1924 によった。

2

ヘンリ八世時代の宮廷

ヘンリ八世時代の宮廷は、君主やその一族、ならびにイングランドの有力貴族やジェントリらが居住し、ひとつの政治社会を構成している場であった。また機能的にみると、君主や廷臣たちが私的な生活をおこなう空間であるだけでなく、この時期に、王国の統治に関わる政務や外国使節の謁見、国家儀礼や宮廷儀礼などといった公的な機能の重要性が高まっていくことになる。

より具体的に国王宮廷の構造や機能について明らかにしようとした場合、いくつかの有効な史料の利用が可能であるが、ここでは宮内府に関する国王布告をもとに、この問題をひもとくことから始めてみよう。

1 宮内府の基本構造

ここで取り上げる宮内府に関する布告は、王の布告であり公式な規定である。これらの布告から、ある程度まで当時の宮内府の職員の数や俸給額、諸経費の実態を知ることができる。現在、最も古い宮内府に関する布告は、ヘンリ一世時代の一一三〇年代に制定されたものといわれている。次に一二七九年と一三一八年に布告が制定されているが、その後一五世紀後半までの約一世紀間、宮内府組織に関する包括的な国王布告は発布されていない。したがって、その間に国王布告を発するほどの宮内府組織の改革の必要性が生じなかったものと思われる。ところが一五世紀後半になると、その布告の数が急増するのである。王族関係者の家政に関する布告を加えると、さらにそうした印象が強まる。加えて、貴族やジェントリを対象とする家政内における職務要領や作法の指導書も広く出回っていた。このように見てくると、一五世紀後半以降になると、国王を頂点とする政治的エリート層の間で、家政組織の改革また家政内における儀礼や作法の整備の必要性が強く認識されるようになったものと考えられる。

近世史家の間で、この時期の一連の宮内府組織に関する国王布告が注目されてきたのも、この点と深く関係している。ヘンリ八世治世の一五二六年に発布された「エルタムの布告」により、宮内府の大規模な組織改革がおこなわれ、その後の宮内府の基本構造が確立されることになる。しかし

<table>
<tr><th>チェインバー</th><th>プリヴィ・チェインバー</th></tr>
<tr><td>宮内長官
チェインバー財務官</td><td>宮内次官補
近習
宮内官</td></tr>
<tr><td colspan="2">ハウスホールド</td></tr>
<tr><td colspan="2">執事長官
・会計局（財務官、会計監査官、金庫役、書記など）
・ハウスホールドの各部局</td></tr>
</table>

図 2-1　ヘンリ 8 世時代の宮内府組織

ながら、それは一六世紀にはいってから一度に起こったものではなく、少なくともエドワード四世（在位一四六一～一四八三年）治世以降の漸次的な宮内府改革の最終的な到達点と考えられている。なかでも「エルタムの布告」のモデルとして注目されてきたのが、彼の時代に作成された「黒本（the Black Book of the Household of Edward IV）」と呼ばれるものであり、「黒本」は中世以来の宮内府に関する布告を集大成し、洗練化させたものとして高く評価されている。そこで、「黒本」と「エルタムの布告」の宮内府に関する規定を比較しながら、宮内府の基本構造を整理し、さらにヘンリ八世治世の宮内府の改革の独自性について考えてみたい。

図2-1は、この二つの史料をもとに、ヘンリ八世治世の宮内府の構造を示したものである。宮内府は機能的にみて、二つの部門すなわち「ハウスホールド」と「チェインバー」からなっていた。まず前者は執事長官の管轄下にあり、会計局を中心に宮内府全体の物資調達や経理などの家政部門を担当していた。一方チェインバーはもともと国王の私室ないし寝室として機能していたが、次第に公式儀礼の場として公的な性格を帯びていった。宮内府全体を宮廷と捉

えることも可能だが、厳密には宮廷の政治・文化・社会の中心は、このチェインバーであったといってよいであろう。したがって、両部門のスタッフの社会的出自にもかなりの相違が見られる。ハウスホールドの場合、執事長官、財務官、会計監査官、金庫役らの上級官職者を除けば、一般的に彼らの出自は低く、ヨーマンかそれ以下であった。それに対してチェインバーのスタッフの多くは、ジェントリかそれ以上の階層に属していた。たとえば、「黒本」の規定によれば、チェインバーのスタッフである国王付の理髪師でさえも、ジェントルマン、ヨーマンあるいはチェインバーの宮内官であることが求められた。また国王付きナイトや国王付きエスクワイアのように国王の身辺警護をおこない、常に国王のそばにあってその世話をおこなう重要な官職については、とくに各州から彼らの財産、信仰、賢明さに基づき厳選されることになっており、同職に就くことは、宮廷内で立身出世するための重要な機会であった。

さて、一五世紀後半以降に試みられた宮内府改革には、二つの目的があった。その最大の目的は、はっきりとしている。すなわち、宮内府内の正規の職員の数と彼らの職務規定を明記し、同時に宮内府内の経費節減や倹約を目指すものであった。その背景には、当時の国家財政の危機的状況下にあって、宮内府の規模が拡大し諸経費が増大していることへの議会の反発、改善要求があった。したがって、各規定の一般的特徴も、各部局の職員数、俸給額、食料や物資などの割当量、食事をとる場所の指定、会計局への会計報告の手順の明確化などであった。「黒本」の諸規定のなかで、最も注目に値するのは、会計局の運営方法や権限に関して最も多くの規定が設けられていることである。このことからもわかるように、宮内府の経費節減は、なによりも会計局による各部局の運営に対する統制システムがうまく機能するかどうかにかかっていたのである。

第二の目的は、宮内府内における儀礼を新たに規定しなおすことで、宮内府ないし宮廷内の身分制秩序の維持をはかろうとすることであった。儀礼を扱うわけであるから、当然のことながら、チェインバーに関する規定が中心となっており、その最大の目的は文字通り、そこに国王の地位にふさわしい壮麗さを創出することであった。とくにブルゴーニュの宮廷文化がモデルとされたことはよく知られている。とすれば、ここでひとつの問題が生じてくるであろう。なぜならチェインバーにおいて王の壮麗さを創出し、王の威厳を高めるためには、それを演出するための人やモノに相当の出費を必要としたが、それは宮内府の諸経費の増大を招きかねないという、一見して矛盾した方向を目指していたように思えるからである。

「王の壮麗さ」については、イングランドでは、一五世紀以降に盛んに議論されるようになった問題である。ルネサンスやバロックの宮廷において、壮麗さは王侯の美徳となったが、本来、中世的な意味での、つまり清貧を美徳とするようなキリスト教社会にあっては、徳目となりえなかった。その扉を開いたのは、F・フィレルフォ、L・B・アルベルティらイタリアの人文主義者たちである。彼らはメディチ家の大コジモの壮麗な宮殿建築を市民による批判から守るために、身分にふさわしい消費をおこなうことを王侯の美徳として正当化したのである。一五世紀半ばにイングランドの論客J・フォーテスキューは、『統治の書』において、国制改革の提言のひとつに王室財政の健全化をあげている。

しかしながら、彼は他の箇所で王が壮麗さを保つために「新しい宮殿を建設し、また高価な毛織物、毛皮、宝石などを購入できるだけの財宝を保有しておく必要がある」ことを認めており、それが維持できないとすると、王の生活は「王の地位にふさわしい生活とはいえない」と主張しているのである。また一五世紀後半以降に成立する「王領地回収法」の目的のひとつは、王領地収入を増加させて、国王の地位にふさわしい宮内府の壮麗さを維持することであったし、いわゆる「奢侈禁止法」も社会的身分に応じて、身に着ける衣服の壮麗さの程度を細かく規定するものであった。時代はやや下るが、一五二〇年代はじめにJ・スケルトンが著した書物は、その名も『壮麗さ』であり、そこでも同様の考え方が継承されている。

このように一五世紀後半から一五二〇年代にかけての宮内府改革の目的は、まず宮内府内に王にふさわしい壮麗さを創出して王の威厳を高め、それを前提としたうえで、宮内府の経費節減や運営の効率化による安定的な財政的基盤を確立することにあり、けっしてその逆ではなかった。

2　プリヴィ・チェインバーの成立

宮内府の基本的な二重構造も、一五二六年に発布された「エルタムの布告」により、大きな変化が生じることになる。すなわち、この頃までに国王宮廷の規模が増大したために、チェインバーの規模や職務が増大し、また公式儀礼の場としての性格を強めたために、従来チェインバーが有していた国王の私的な場としての機能は、正式にプリヴィ・チェインバーの管轄下に入ることになったのである。

プリヴィ・チェインバー自体は、すでに一四九五年頃にヘンリ七世により設置されていた。しかしながら、チェインバーが数百名のスタッフから構成されていたのに対して、当時のプリヴィ・チェインバーは、「便器係」の監督下にわずか数名の宮内官からなっており、彼らの社会的身分もチェインバーの官職保有者と比べると全体的に低かった。ヘンリ七世は、このプリヴィ・チェインバーへの入室を厳しく制限することで、廷臣たちや宮廷内の派閥の影響力をなんとか遠ざけようとしていた。その理由のひとつに、廷臣たちに対する彼の疑心暗鬼があった。ばら戦争にともなう国内の混乱は必ずしも収まっておらず、一四九五年には執事長官F・ウォルターと侍従長官W・スタンリーが、僭称者パーキン・ウォーベックと内通した罪で告発されるというきわめてショッキングな出来事が生じている。つまり彼は、最も信頼する宮内府の最高責任者である二人に裏切られることになったのである。こうして彼は、廷臣たちとの接触を避けてプリヴィ・チェインバーに引きこもって生活することを好み、またできるかぎり自ら統治をおこなうように努めたのである。

しかしながら、一五〇九年四月にヘンリ七世が死去し、ヘンリ八世が即位するとプリヴィ・チェインバーの性格も一変することになる。二〇代半ばの若きヘンリは常に親しい人びとに囲まれて過ごすことを好み、また宮廷内で催されるさまざまな娯楽にも積極的に参加した。たとえば、一五一〇年にリッチモンドで馬上槍試合が開催されたとき、彼は甲冑で身をかため観衆に名も明かさないまま騎士として平然と戦っている。それによってたしかに彼は騎士としての名声を高めることになったが、こうして国王自身は馬上槍試合に参加しないというタブーが、いとも簡単に破られてしまったのである。

また彼は、自分の幼なじみたちを寵臣としてプリヴィ・チェインバーに招き入れ、彼らと娯楽をともにし、彼らに恋のメッセンジャーをつとめさせるなど宮廷内に独自の若者文化を形成していった。ヘンリにしてみれば、それはウルジー枢機卿のような老獪な政治家を相手にするよりも、よっぽど愉快で気が紛れる時間であり空間であったことだろう。プリヴィ・チェインバーの若き寵臣たちは、ヘンリとの親密性や信頼関係を基盤として宮廷内における政治的影響力を高めていくことになる。一五一八年にヘンリは、彼のライバルであるフランソワ一世の宮廷にならって、彼らにプリヴィ・チェインバーの近習(ジェントルマン)という正規の官職を与えるとともに、国内統治、外交・軍事の各方面で彼らを積極的に登用したのである。彼らの最も重要な役割は、国王の絶対的な意志を具現化するために勅使として派遣されることであった。一五二〇年にヘンリはフランソワ一世に対する返礼として、自ら書簡をしたためただけでなく、近習を派遣して王の言葉を伝えさせている。彼らは戦場に派遣されることもあったが、それは軍事力の強化というよりも、国王の分身として兵士の戦意を高揚させることを期待されていた。一五二三年一〇月、スコットランド軍との戦いでイングランド軍が圧倒され、しかも悪天候に悩まされて兵士の士気が低下しきっていた。そのためサリー伯はヘ

エクセタ侯	
近習（6名）	：W・タイラー、T・チニー、A・ブラウン J・ラッセル、H・ノリス*、W・ケリー
衛視（2名）	：W・ラトクリク、A・ナイト
宮内官（4名）	：W・ブレレトン、W・ウェルシュ、J・ケリー、H・ブレレトン
国王の理髪師	：ペン
小姓	：ウェストン

図2-2　プリヴィ・チェインバーのメンバー（1526年）

注：＊は宮内次官補であったことを示す。

ンリに書簡を送り「増強される兵士の数が問題なのではありません。……なんとしても有力な貴族とプリヴィ・チェインバーの近習を派遣していただきますよう、切に請う次第であります」と記しているように、近習の象徴的影響力に期待していたのである。

このように一五二〇年代に入ると、プリヴィ・チェインバーが、宮廷内外で政治的影響力を急速に増してきたため、宮廷内の政治的秩序が大きく揺さぶられることになった。当時、ヘンリが若き寵臣たちと遊興に耽っているからこそ、ウルジーは国王宮廷を牛耳り、実質的に政治を動かすことができたわけだが、ここまで近習たちの政治的影響力が増すことは彼にとって予想外の、ゆゆしき事態であった。そのため彼は近習たちを宮廷から追い出そうと画策する。しかしながら、結局のところ、ヘンリと彼らとの間の親密性や信頼関係を覆すことはかなわなかったのである。こうしたなか一五二六年にウルジーを中心として制定されたのが「エルタムの布告」であった。この布告の目的のひとつは、宮内府を改革することにより経費の節減をはかることにあった。図2-2に示したように、たしかにプリヴィ・チェインバーのスタッフの数は、それまでの三〇名から一五名、またウルジーが最も敵対視していた近習の数も一二名から六名へと半減していた。しかしながら見方を変えれば、それはプリヴィ・チェインバーの有力な近習を排除し、同局を政治的に中立化する意図が隠されていたことも見逃せない。その意味では、国王の強い意向により、彼の従兄弟であり、またウルジーが最も敵視していたエクセタ侯を排除できなかったことは、ウルジーにとって痛手であった。そこで、対抗措置として、ウルジーは彼の右腕と頼むJ・ラッセルを送り込んだため、かえって同局内部において政治的対立が深まったのである。このように宮廷内の野心が錯綜するなかで、一五二八年に国王の愛人として宮廷内でアン・ブリンが台頭してきたことは、宮廷内における党派を分裂させ政治的緊張関係を高めたのみならず、その後のイングランドの政治・宗教体制をも大きく変貌させることになるのである。

3 アン・ブリンと離婚問題

以前であれば、ウルジーは危機が生じたときには、ヘンリを彼の考え方になびかせることで乗り切ってきた。ところがいまや、相手はヘンリの愛人であり、親密性においては近習たちよりもさらに深いものがあった。アンは幼い頃にネーデルラントの摂政、マルグリット大公妃のもとに送られ、洗練されたフランス宮廷でフランス語と礼儀作法を学んでいたことから、イングランドの宮廷内でフランス文化がもてはやされるなか、一目置かれる存在となった。さらに重要なことは、彼女が宮廷内で政治家のひとりとして振る舞ったことである。『殉教者の書』を著したエリザベス時代の神学者ジョン・フォックスは、アンを政治家として申し分のない人物と評している。上品・寡黙・従順であることが、一六世紀イングランドの理想的な女性像と考えられていたことからすると、特異な性格を持った女性であったといえるだろう。また彼女は明確な宗教観を持っており、ルター派とはいえないものの、福音主義を信奉するプロテスタントであった。しかもヘンリがキャサリンとの離婚・アンとの再婚に傾いたことは、宮廷内の派閥政治・抗争をにわかに活気付けたのであった。

ウルジーはもはや自分が派閥のリーダーのひとりにすぎなくなっており、その意味するところをすぐに察知して、プリヴィ・チェインバーにさらにP・ペイジやT・ヒニジのような彼の配下のものを送り込んだ。彼らはラッセルとともにウルジー派の中心をなした。アンは、彼女の従兄弟フランシス・ブライアン、兄のジョージ・ブリンを近習として送り込み、ノリスとともにブリン派を結集しこれに対抗した。一方、王妃キャサリンと娘メアリの支持者であるニコラス・カルーも加わり、エクセタ侯とともにアラゴン派を形成した。彼らは保守派と呼ばれており、国王評議会を中心とする貴族政治への復帰、またカトリックを信奉するかあるいはカトリック的な改革を目指していた。

三つの派閥の抗争はしばらくの間、膠着状態にあったが、一五二九年に転機が訪れた。すなわち、ローマ教皇との間の離婚調停が不首尾に終わったため、ウルジーはヘンリの信頼を失ってしまい、いまや敵の前に無防備なままにさらされることになったのである。驚くべきことに、離婚問題、宗教問題で激しく対立していたブリン派とアラゴン派が手を結び、宮廷内の貴族を取り込みながら、ウルジーを失脚させ宮廷からの追い出しに成功したのである。その後ウルジーは国家反逆罪の嫌疑をかけられ、政府から派遣されたノーサンバランド伯とプリヴィ・チェインバーのW・ウェルシュにより逮捕されることになる。

しかしながら、ひとたびウルジーが宮廷を去ってしまうと、両派の共闘を持続させる根拠がなくなってしまった。つまり、宮廷内の派閥の再編の機が熟したのである。それを可能にしたのは、ウルジー派がそのまま存続し、彼らがウルジーに代わる新たなリーダーとしてトマス・クロムウェルを見出したことにあった。かつてウルジーの法務関係の仕事を担当して頭角を現し、のちに宗教改革や行政機構の改革に中心的な役割を果たすことになる人物である。ウルジーとクロムウェルの統治技法には、いくつかの対照的な面が認められる。ウルジーがイングランドを統治した最後の高位聖職者であるとするなら、彼はいわば最初の近代的な行政大臣であった。またウルジーが保守的であり、自己の政治的才覚でもって宮廷を牛耳り、彼に対抗するような派閥の形成を許さなかったのに対して、クロムウェルは行政制度を積極的に拡充しながら自らの政治的権力を拡大し、また派閥政治を無慈悲なまでに利用しようとしたのである。

さて、ヘンリの離婚問題の解決は、依然として膠着状態にあった。その理由としては、派閥抗争、宗教問題、外交政策が複雑に関わっていたこともさることながら、ヘンリ自身の決断力のなさ、警戒心、移り気な性格も起因していた。その最大の被害者はブリン派であった。したがって、彼らにとって、クロムウェルが台頭したことは、事態を一変させる絶好の機会と捉えられた。というのもクロムウェルは福音主義を支持して急進的な宗教改革を求めており、また宮廷内における彼の支持者は強大な勢力を誇っていたからである。クロムウェル派とブリン派が同盟して宮廷内の中心勢力となったことで、アラゴン派と彼らを支持する国王評議会の貴族たちは周縁に追いやられることになった。こうして一五三二年以降いわゆる宗教改革議会において国教会の成立に向けて法的整備が進められていった。同年アンの支持者であるトマス・クランマーがカンタベリ大司教に任ぜられている。離婚問題の解決をさらに加速させたのは、その間にアンが妊娠したことであり、一五三三年一月にヘンリはアンと秘密裏に結婚し、一五三三年五月にクランマーはヘンリとアンとの結婚が有効であることを宣言した。同年九月にアンは無事に女子を出産しエリザベスと名付けられた。しかし、その後ヘンリとアンとの蜜月関係が長続きしなかったことはよく知られているが、クロムウェルとアンとの間にも、宮廷内でのパトロネジの行使のあり方や外交政策（親フランス派のアンと皇帝派のクロムウェル）をめぐって対立が深まっていく。

ここで興味深いのは、ブリン派に対する攻撃が、プリヴィ・チェインバーのアラゴン派を中心として始まったことである。幸運なことに、彼らは、ジェイン・シーモアという、またとない攻撃手段を手に入れることができた。つまり、彼女を王妃に据えることで、復権をはかろうというわけである。プリヴィ・チェインバーにおいてエクセタ侯とともにアラゴン派の中心的存在であったカルーは、ヘンリと幼い頃から二〇年近くの親交があり、彼の性格や女性の好みを誰よりも知り尽くしていた。そこでカルーは、ジェインに対してヘンリに気に入られるために愛の手ほどきをおこなうが、それは要するにアンを反面教師として、落ち着きがあり寡黙で従順な彼女の性格を十二分に発揮するということであった。案の定、ヘンリはジェインの虜になってしまう。王の心変わりを察知したクロムウェルは、こうした保守派の動きと連携しながら、ブリン派の失脚をはかることになる。直接の容疑は、アンが兄ジョージをはじめ数名と不義をはたらいたという国家反逆罪であった。その際にアンとともに告発されたのは八名で、そのうち七名が近習である兄ジョージ、H・ノリスをはじめとする国王のプリヴィ・チェインバーのメンバーであり、ブリン派かそれに近いと目される人びとであったことは注目に値するだろう。この裁判を通じて一五三六年五月にジョージ、ノリスら五名がアンとともに処刑されたが、残りの三名はクロムウェル派あるいはアラゴン派との強力なコネクションを持っていたため難を逃れている。彼らが逮捕されてから、わずか三週間というあっという間の出来事であった。同年五月一一日にはクランマーが、ヘンリとアンとの結婚の無効、娘エリザベスを庶子扱いにすることを宣言する。こうして五月三〇日ヘンリは三人目の妃としてジェインを迎えることになるが、それにより、また新たな派閥の再編成・王の寵愛をめぐる争いが生じるのだった。

一五世紀後半のエドワード四世治世からヘンリ八世治世のエルタムの布告までの宮内府改革を概観してみると、二つの改革の目的を認めることができる。まず宮内府内に王にふさわしい壮麗さを創出して王の威厳を高め、それを前提としたうえで、第二に宮内府の経費の節減や運営の効率化をはかり安定的な財政基盤の確立をはかることであり、けっしてその逆ではなかった。
テューダー朝時代になると、チェインバーが多くの廷臣を抱えるようになり、また公式儀礼の場としての性格を強めたことから、国王の私的空間を確保するために新たにプリヴィ・チェインバーが成立することになる。ヘンリ七世は文字通り、廷臣たちと距離を保つために国王私室として用いたが、ヘンリ八世はその性格から寵臣たちを同局の近習として積極的に登用し、王国統治にも関わりを持つようになっていった。そのため、同局と国王評議会との対立を生んだが、およそ廷臣あるいは政治家であるかぎり、国王の信頼や寵愛を得るという同じ目的をめぐる競争のなかに置かれることになったといってよいであろう。プリヴィ・チェインバーは、まさに国王との「親近性」を基軸として政治的重要性を高めたのであり、またそれがヘンリ八世治世の宮廷内の派閥の形成や抗争を促すことにもなったのである。

（井内太郎）

3

音楽家としてのヘンリ

1 音楽に彩られた宮廷

ヘンリの宮廷は音楽に満ちていた。戴冠や婚礼などの式典はもとより、王の臨場・出立から、馬上槍試合での入場、宴会での料理登場にいたるまで、生活の節目節目にファンファーレとドラムはつきものであったし、宮廷の余興にも音楽は不可欠であった。夏には五月祭の遊山(メイイング)がある。『ホールの年代記』(一五四八年)ほかの史料は、一五一五年のメイイングの模様を伝えている――ヘンリと王妃キャサリンは大勢の宮廷人を従えて遊山に出た。一行は、途中に迎え出た「ロビン・フッド」役に誘われるまま森へ入り、大枝で設えたあずまやで楽の音とともに鹿肉とワインを堪能。帰路には五頭立の馬車に乗った「レディ・メイ」と「レディ・フローラ」の表敬を受け、彼女たちの歌を

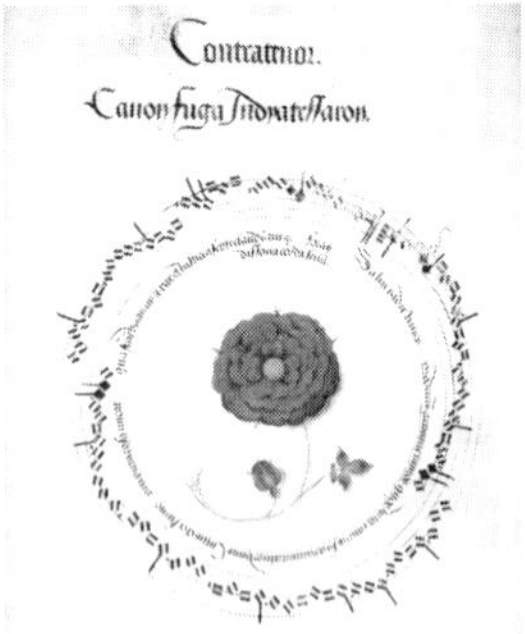

図2-1　1516年頃ヘンリとキャサリンに献呈された楽譜集（大英図書館蔵）

抜きん出た枝（テューダー家）の頂点に咲く深紅のバラとしてヘンリを讃えている。
もうひとつ円形譜があり、それぞれを二人ずつで輪唱することで4声になる。

楽しんだ。

屋内の娯楽には仮装舞踏会がある。ふたたび『ホールの年代記』をひもといて、一五一一年二月に催されたヘンリの長子誕生の祝賀の一日をたどってみよう。日中は馬上槍試合が繰り広げられ、晩課の典礼のあと、王と各国大使が一同に会する晩餐会が開かれた。その後、一同は場を移し、まずチャペル・ロイヤル（王室礼拝堂組織。詳細は後述）の聖歌隊員が歌い演じるインタールード（宴会の合間に上演される簡便な芝居）を観劇。ついである人物のナイト爵叙勲式があり、それから舞踏会となった。ひとしきりダンスが続くとファンファーレが鳴り、仮装劇（ディスガイジング）の開始が告げられる。題して『愉悦の園の黄金のあずまや』。さしたる筋があるわけではなく、豪奢な山車と仮装で観るものを魅了し、王室を言祝ぐ寓意的なページェントである。山車には樹木や花々で飾られた園と金色のあずまやがあり、そのなかに六人の淑女が見える。ヘンリとキャサリンのイニシャル「H＆K」を金糸で刺繍した白と緑の衣裳に身を包んでいる。園に立つのは、舞踏会中に退いていた国王その人と五人の紳士。やはり「H＆K」のついた紫の衣裳をまとい、それぞれ「忠誠心」や「希望」といった寓意的な名前を付けている。山車が王妃の御前まで来ると、仮装した楽士やカップルが降りて奏楽とダンスを繰り広げた。この仮装劇のあと、さらに大宴会が続いた。

仮装とだんまりで正体を隠し、他人の宴に飛び入りしてサイコロ遊びなどに興じるマミングという風習もあった。ジョージ・カヴェンディッシュの『枢機卿ウルジー伝』(一六世紀中頃)によると、あるときヘンリは羊飼いの扮装でウルジー邸を訪れ、英語が話せない外国の使節というふれ込みで宴に現れた。シェイクスピアは史劇『ヘンリ八世』のなかで、この逸話をヘンリと二番目の王妃アン・ブリンのなれそめの場に利用し、雰囲気を活写している――「どうやらあのなかに、私などよりはるかにこの高い席にふさわしい方がお一人、おられるような気がする……このかたが陛下では?」「(仮面を脱いで)見つかってしまったな、枢機卿。それにしてもなかなかの盛会、たいした主人ぶりだ。お前が聖職者であってよかった、でなければ悪くとるところだぞ」「陛下にはご機嫌うるわしく、祝着至極に存じます」「(ブリンに向って)美しいご婦人、先ほどは失礼したな、踊りに誘っておきながら、そのあとで口づけするのを忘れた……わがパートナー、まだまだあなたを放免はせぬぞ。さあ枢機卿、陽気に騒ごうではないか……音楽だ」(第一幕第四場。小田島雄志訳。大幅に省略)。

2 宮廷楽士

「音楽だ」に応えていたのが宮廷楽士たちである。先代ヘンリ七世の治世に三〇名程度であったその陣容は、ヘンリ八世の崩御時には六〇名前後にまで倍増していた。ファンファーレに不可欠なトランペット以下、サックバット（トロンボーンの前身）、ショーム（オーボエの前身）、フルート、リコーダー、ヴァイオル（擦弦楽器。大小諸サイズがあり、小型も含めすべてチェロのように膝に挟んで弾く）、レベック（膝上や肩で弾く小型擦弦楽器）、リュート（洋梨型の撥弦楽器）、太鼓と笛、大型ドラム、ハープ、バグパイプ等々。当時作成されたヘンリの所蔵楽器目録を見ると、グリニッジやウェストミンスターなど各宮殿に、鍵盤楽器（ヴァージナルやオルガン）五〇以上、擦弦楽器約二〇、撥弦楽器約三〇、種々の木管楽器二〇〇以上ほか膨大なコレクションが蔵されている。

楽士倍増の要因は外国人合奏団の来英であった。たとえば一五四〇年には、ヘンリと四番目の王妃クレーヴのアンとの結婚を機に、イタリアから五名のリコーダー奏者と六名のヴァイオル奏者が呼ばれている。教養指南書『完璧なジェントルマン』（一六二二年）で名高いピーチャムの作とされる『馬車と輿、論争す』（一六三六年）によれば、ビールとヴァイオルはヘンリ七世の御代同年に来英したというが、八世の治世前半でもヴァイオル奏者はまだ外国人二名にすぎない。一五四〇年のイタリアからの楽士来英によって、大小諸サイズの同族楽器でアンサンブルをする「リコーダー・コンソート」や「ヴァイオル・コンソート」という新スタイルが宮廷に登場したのである。ことにヴァイオル・コンソートは、その合奏に合わせて少年聖歌隊員が独唱するコンソート・ソングというイギリス独自のジャンルを世紀後半に生み出す苗床となった。新スタイルの導入には外国人楽士が必要だったわけであるが、彼らの大半がじつはユダヤ人であった点も見逃せない。カトリック圏で迫害に苦しんでいた彼らにとって教皇と決別（一五三四年）したイギリス宮廷は好ましい逃避先であったし、宮廷としては、新旧キリスト教派の対立と無関係な彼らは危険の少ない外国人なのであった。

もっとも宗教改革以前から（当時は新旧教派対立がないのでなおさら）、ヘンリの宮廷には外国人楽士が多数存在した。むしろ、プリヴィ・チェインバー付きとしてヘンリの間近に侍り、王の家族の音楽教師として厚遇されていたのは外国人であった。ともに一五一六年からヘンリに仕えた鍵盤奏者オピツィイス（前アントウェルペン大聖堂オルガン奏者）やメーモ（前ヴェネツィア、サン・マルコ聖堂オルガン奏者）、そしてフランドル（今日のベルギー・オランダあたり）出身のリュート奏者ファン・ヴィルデル。彼こそはヘンリの治世後半にプリヴィ・チェインバー付き近習の地位にまで登り、楽士の頂点を極めた人物で、前述ヘンリの所蔵楽器目録を作成したのも彼である。一五三〇年頃には彼の下にフランス・フランドル出身の「プリヴィ・チェインバー付き小姓」が三～四名おり、彼らがレベックやヴァージナル、ダンスで王の家族に慰みを与えた。しかしヘンリの宮廷では、格別の愛顧は無情な断罪と表裏一体である。小姓のひとりスミートンは、映画『一〇〇〇日のアン』も描く通り、王妃アンとの（おそらくは無実の）姦通罪で斬首されてしまうのだった。

3 チャペル・ロイヤル

宮廷にはもうひとつ重要な音楽家集団があった。礼拝を担うチャペル・ロイヤルである。この「チャペル」は、宮廷の一部として国王に随行してウェストミンスター、ホワイトホール、ハンプトン・コート、グリニッジなど各宮殿を移動し、果ては大陸に渡って英仏国王の会見「金襴の陣」(一五二〇年)でフランス王室の聖歌隊とミサを歌い交わしているくらいであるから、建物としての礼拝堂ではなく、組織そのものを指す。事実上の聖歌隊員である約三〇名のメンバーのうち四分の一が聖職者(チャプレン)で、残りの俗人歌手が「チャペルのジェントルマン」と呼ばれた。「紳士」でも「地主」の意でもなく、宮廷に仕える俗人(非聖職者)の敬称として「ジェントルマン」が使われたのである(ただし聖職者も含めて成人聖歌隊員を「チャペルのジェントルマン」と総称してしまう文献も少なくない)。たとえば前述ファン・ヴィルデルの肩書き「プリヴィ・チェインバー付き近習」の原語も「プリヴィ・チェインバー付きジェントルマン」である。そしてチャペルのジェントルマンのひとりが少年聖歌隊員監督として一〇名強の少年の衣食住を管理し、彼らにソプラノを歌わせることで、男性のみによる華麗な合唱を実現していた。各国語訛りの英語が飛び交っていたであろう宮廷楽士の世界とは対照的に、チャペル・ロイヤルはイギリス人の独壇場であった。一五一五年、彼らの演奏に接したあるヴェネツィアの外交官は、「その歌声は人間というより天上のもの。バスはバスでおそらく世界に比類がありません」と賛辞を綴っている。

先に触れたように、チャペルのジェントルマンと少年聖歌隊員は宮廷でのインタールードや仮装劇もこなしたため、そうした出し物の企画制作・上演も少年聖歌隊員監督の重要な責務であった。前述の仮装劇『愉悦の園の黄金のあずまや』も、ヘンリの治世前半に少年聖歌隊員監督を務めたコーニッシュの企画による。

礼拝では、このコーニッシュのほか、フェアファクスやタリスなど、チャペルのジェントルマンでこの時代を代表する作曲家のミサ曲やマニフィカト（晩の典礼で歌われる聖母マリアの歌）や聖母アンティフォナ（就寝前の典礼で歌われる聖母讃歌）など、とくに聖母マリアに関わるラテン語教会音楽が絢爛豪華な多声合唱で歌われた。教皇との決別後も、ヘンリの在位中は礼拝音楽に大きな変化はなかった。そして『ホールの年代記』によれば、ヘンリ自身も「五声のミサ曲を二曲作曲し、それらは王の礼拝堂でしばしば歌われた」。

4　音楽家ヘンリ

そう、ヘンリ八世は、例外的なほど楽才に恵まれた君主なのであった。ホールその他の証言によると、王は、狩、歌、ダンスを好み、リコーダー、フルート、ヴァージナル、リュート、ハープと多彩な楽器をこなしたのみならず、作詩作曲まで手がけた。残念ながらヘンリが作曲したという前

図2-2　ハープを奏でるヘンリ
ヘンリ私用の詩編書（大英図書館蔵）の細密画。道化（フール）ソマーズとともに描かれ、その右から詩編第53編が始まる——愚者（フール）は心のうちに神なしと言えり。
出典：Lloyd and Thurley, 1990, p.31.

述の二曲のミサ曲は現存しないが、ヘンリ作と明記された作品を三三曲も収めた手書きの曲集、いわゆる「ヘンリ八世写本」が残っている。一五二〇年頃に作られたもので、その内容は若きヘンリ王の宮廷生活を生き生きと映し出している。収録作品全一〇九曲のうち曲名が判明するもののみを一覧表にした（68～71頁）。ほぼすべて三～四声の多声曲である。通し番号が飛んでいる部分には無題・無歌詞の合奏譜（ヘンリ作も含む）があると理解されたい。タイトルが【　】に入っているものは、冒頭句以外、写本には歌詞が書かれていないことを示す。また基本的に器楽曲ないし器楽用編曲譜と見なせるものは一字下げ、斜体で表記した。

　冒頭からイザーク、ビュノワ、ヒーゼヘム、バルビローと、フランス・フランドルの作曲家の作品が並ぶ。写本に収録されたこれらフランドル楽派の作品の多くは、史上初の多声印刷楽譜『オデカトン（百の調べ）』（一五〇一年、ヴェネツィア）に収録された当時のヒット・ソングの類であり、ヘンリの宮廷が芸術文化の範をブルゴーニュ公国の宮廷（ホイジンガ『中世の秋』の舞台）に求めて

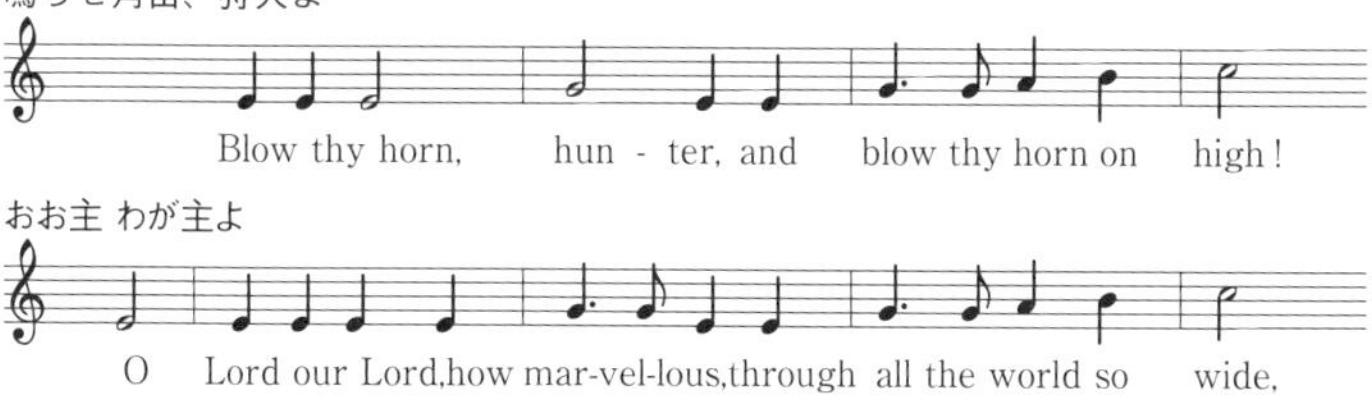
鳴らせ角笛、狩人よ
Blow thy horn, hun - ter, and blow thy horn on high!
おお主 わが主よ
O Lord our Lord,how mar-vel-lous,through all the world so wide,

図 2-3　譜例 1

いたことを物語る。しかし写本ではそれらの譜には歌詞がなく、タイトル自体綴りが崩れている。言葉の壁のため、階名唱法（ドレミで歌う）や楽器で演奏されたのかもしれない。

英語の歌は輪唱や有節歌曲、キャロルの形をとる。ここでいうキャロルとはリフレインをともなう三声曲で、主題はクリスマスとは限らない。それどころか、そのサブ・ジャンルである狩人歌は、「牝鹿」のハントを語る色恋の歌である。ヘンリの長子誕生祝賀の馬上槍試合に出現した森の山車をはじめ、ページェントにしばしば登場する「狩人」が歌ったのであろうが、コーニッシュの35《鳴らせ角笛、狩人よ》など、「矢が尻に刺さって牝鹿は失神した」のどうのと、その含みははなはだ品を欠く。ヘンリの没後まもなく宗教改革派が編んだ英語教会音楽の写本には、このメロディによる《おお主、わが主よ》（旧約聖書詩編第八編の韻文訳）という曲が見出せる（譜例1）。世俗曲を宗教曲に転用することはめずらしくなかったが、改革派としては原曲はなんとしても抹消したいものだったであろう。

史実と関連する作品もある。17《なによりまず歌え》や68《ごきげんよう、みなさま》はヘンリの長子誕生の祝賀に歌われたと思しいし、96《イングランドよ、喜べ》と97《万物を導きたもう神に祈る》は一五一三年の

図 2-4 「ヘンリ 8 世写本」（大英図書館蔵）から《良き友との気晴らし》の頁
左頁上に上声、下に中声、右頁に低声が別々に書かれている。

ヘンリのフランス侵攻を祝う歌である。また20《五月、この楽しい季節に》や39《トゥロリ・ロリ・ロリ・ロウ》は一五一五年の例のようなメイングで歌われたであろう。後者はまたしても若者が森へと娘のあとを追うたわいない歌であるが、改革派には軽薄と映った。マイルス・カヴァデールはイギリス初の英語讃美歌集（一五三九年頃）の序文で「民の手元に聖書の歌しかなければ『トゥロリ・ロリ……』よりどれほどよいか」と念じている。

斜体で表記した器楽曲の大半は謎カノンである。写本に書かれた音符の断片を、21「トリス」、26「このテノールは上行す」などの暗示的な文言にヒントを得て適切に処理すると三声曲が完成する趣向で、中世以来のヨーロッパ音楽の理知的側面を伝えている。

さてヘンリの作品の出来栄えはどうか。ヘンリ作といっても、たとえば45《貴き名君》は、前述の名曲選『オデカトン』収録の三声曲に王がアルト・パー

図 2-5　譜例 2

トを加筆しただけであるし、10《ああ、マダム》や81《真の愛》も大陸の既存のメロディを借用しており、概してフランス語作品は書法の点からも習作の感が強い。帝王学修業中の十代の作とする見解もある。ただし既存作品の借用は当時一般的におこなわれていたことで、ヘンリもその慣行に倣ったにすぎないし、やはり『オデカトン』の収録曲に基づく長大な78《タンデルナーケン（アンダーナッハで）》のように、一流作曲家の編曲に優るとも劣らぬ出来の曲もある。

英語の歌は、フランス語作品同様短く素朴ではあるが完成度が高い。なかでも宮廷生活（狩・歌・ダンス）の謳歌を謳った7《良き友との気晴らし》は、別の写本で「王のバラッド」と呼ばれているほどヘンリのトレードマークとなった傑作である（譜例2）。じつはこの曲も似たメロディが大陸に存在するのであるが、この場合はむしろヘンリの歌が原曲ではないかとされる。「金襴の陣」でも誇らしげに歌われたのではなかろうか。

ヘンリの楽才は娘エリザベスにも受け継がれた。そしてこの女王の庇護のもとで、イギリス音楽はそのゴールデン・エイジを迎えることになるのである。

（那須輝彦）

24	わが胸の想いが The thoughts within my breast		恋人との別離	ファージング
25	わが恋人は嘆く My love she mourneth		真愛の擁護	コーニッシュ
26	*このテノールは上行す* *Iste tenor ascendit*			ロイド
27	ああ、わが胸のため息が Ah the sighs that come		恋人との別離	コーニッシュ
28	嘆息と悲痛とともに With sorrowful sighs		恋人との別離	ファージング
29	わたしに詩才があったなら If I had wit for to endite		恋人の称賛	作者不詳
30	ああ、どうずればよい Alack, alack what shall I do		恋人への疑念	ヘンリ8世
31	ヘイ・ノニ・ノニ・ノウ Hey nony nony no		恋人への疑念解決	作者不詳
32	*ドリアからテノール* *A dorio tenor*			ダンスタブル
33	ひいらぎは緑に育ち Green groweth the holly		別離時の愛の誓い	ヘンリ8世
34	武勇を獲得せんとする者は Whoso that will all feats		愛の勧め	ヘンリ8世
35	鳴らせ角笛、狩人よ Blow thy horn, hunter		求愛	コーニッシュ
36	【恋人はあらゆる徳を備え De tous biens plaine】	(フランス語)		ヒーゼヘム
37	【わたしは恋に落ち J'ay pris amours】	(フランス語)		作者不詳
38	さらば意欲よ、さらば Adew, courage, adew		愛への失望	コーニッシュ
39	トゥロリ・ロリ・ロリ・ロウ Trolly lolly loly lo		求愛	コーニッシュ
40	愛している、うそ偽りなく I love truly without feigning		愛の誓い	ファージング
41	きみとぼくとアミアスは You and I and Amyas		求愛	コーニッシュ
42	【おお親愛なる口よ O waerde mont】	(フラマン語)		作者不詳
43	【あの季節が来た　La saison】	(フランス語)		コンペール
44	もし愛がかつてのように If love now reigned		現世批判	ヘンリ8世

	曲名	言語	内容	作曲者
1	【ベネディクトゥス　Benedictus】	(ラテン語)		イザーク
2	【絶望的な運命の女神 Fortuna desperata】	(イタリア語)		ビュノワ
3	【失せよ、悲しみ　Allez regretz】	(フランス語)		ヒーゼヘム
4	【陽気な気性　Een vraulic wesen】	(フラマン語)		バルビロー
5	*ラ・ミ(イザークのミサ曲断片の器楽編曲)　La my*			イザーク
6	*ファ・ラ・ソ　Fa la sol*			コーニッシュ
7	良き友との気晴らし Pastime with good company		王の宮廷生活	ヘンリ8世
8	さようなら、愛しいひと Adieu mes amours	(フランス語)	失恋の恨み	コーニッシュ
9	さようなら、マダム Adieu madame	(フランス語)	恋人との別離	ヘンリ8世
10	ああ、マダム　Helas madame	(フランス語)	愛の誓い	ヘンリ8世
12	ああ、どうすればよい Alas, what shall I do		恋の芽生え	ヘンリ8世
13	【ヘイ・ナウ・ナウ　Hey now now】			ケンプ
14	独り、わたしは独り Alone I live alone		孤独の悲しみ	クーパー
15	ああ、わが胸は痛む O my heart, it is so sore		恋人との別離	ヘンリ8世
16	さようなら、わが心の喜びよ Adieu, my heart's lust		恋人との別離	コーニッシュ
17	なによりまず歌え Above all thing now let us sing		ヘンリの長子誕生	ファージング
18	ダウンベリ・ダウン Downberry down		恋人からの追放	ダガー
19	【ヘイ・ナウ・ナウ　Hey now now】			ファージング
20	五月、この楽しい季節に In May, that lusty season		春の謳歌	ファージング
21	*トリス(三たび)　Tris*			ロイド
22	青春を謳歌せんとする者なら Whoso that will himself apply		武芸の勧め	リスビィ
23	青春は謳歌すべきなれど The time of youth is to be spent		武芸の勧め	ヘンリ8世

注:タイトルが【　】に入っているものは、冒頭句以外、写本には歌詞が書かれていないことを示す。器楽曲・器楽用編曲譜と見なせるものは一字下げ、斜体で表記した。

81	【真の愛　En vrai amour】	(フランス語)		ヘンリ8世
82	そのような若者にはなるまい Let not us that young men be		若者の愛の擁護	作者不詳
83	【神に愛されし優しき方よ Dulcis amica】	(ラテン語)		プリオリス
85	【恋人よ、耐え忍んでくれ Ami souffre】	(フランス語)		ムリュ
87	*当歌は1旋律で3声* *This song is iij parts in one*			作者不詳
88	*1旋律で2声* *Duas partes in unum*			作者不詳
92	愉快な若者はわれらに続け Lusty youth should us ensue		若者の娯楽の徳	ヘンリ8世
93	【ナウ　Now】			作者不詳
95	【汝はことごとく麗し Belle sur toutes/tota pulchra】	(フランス語・ ラテン語)		アグリコラ
96	イングランドよ、喜べ England, be glad		フランス侵攻	作者不詳
97	万物を導きたもう神に祈る Pray we to God that all may guide		フランス侵攻	作者不詳
99	【ただ死を待つほかに Fors solemant】	(フランス語)		フェヴァン
101	わたしは娘だった And I were a maiden		恋の道程の回顧	作者不詳
102	どうしてわたしが誠実でなかろうか？ Why shall not I?		愛の考察	作者不詳
103	薬は、薬は？ What remedy, what remedy?		失恋の痛み	作者不詳
104	あなたはいずこ？　愛しきひと Wher be ye My love?		恋人不在の嘆き	作者不詳
105	何が欲しいの、吾子よ Quid petis, o fily?	(ラテン語・英 語)	聖母と赤子イエス	ピゴット
106	わが胸はつぶれ My thought oppressed		人生への悲観	作者不詳
107	可笑しく、それ以上に悲しく Somewhat musing		諸行無常	フェアファク ス
108	わたしは愛し愛されず I love unloved		報われぬ愛	作者不詳
109	ヘイ・トゥロリ・ロリ・ロウ Hey troly loly lo		求愛と拒否	作者不詳

45	【貴き名君 Gentil prince de renom】	(フランス語)		ヘンリ8世
46	もし運命が私を追い立て Si fortune m'a si bien	(フランス語)	愛の苦悩	作者不詳
47	どこにぶちまけたらいい、この辛さ Whereto should I express		恋人との別離	ヘンリ8世
48	【もし愛がかつてのように If love now reigned】			ヘンリ8世
49	ああ優しいコマドリよ Ah robin, gentle robin		恋人の不実の嘆き	コーニッシュ
50	命と息はわが胸にあれど Whiles life or breath		女王のヘンリ頌	コーニッシュ
51	人はそれを愚行と言うが Though that men do call it dotage		真愛の勧め	ヘンリ8世
53	*パラメセー・テノール* *Parameese tenor*			フェアファクス
56	出立こそわが痛み Departure is my chief pain		恋人との別離	ヘンリ8世
57	【そはわが大いなる喜び It is to me a right great joy】			ヘンリ8世
62	俺は狩人だった I have been a foster		色恋からの引退	クーパー
63	さようなら、わが喜び Farewell, my joy		別離と愛の誓い	クーパー
64	不協和なく相和して Without discord and both accord		愛の誓い	ヘンリ8世
65	俺は陽気な狩人　I am a jolly foster		男盛りの自慢	作者不詳
66	若気の至りとある者は言うが Though some saith youth ruleth		王の自己弁護	ヘンリ8世
67	マダム・ダムール(冒頭のみフランス語) Madame d'amours		愛の誓い	作者不詳
68	ごきげんよう、みなさま Adieu, adieu, le company		山車退場の挨拶	作者不詳
74	疑念のなかでは最良を想え Deem the best of every doubt		格言・教訓	ロイド
75	ヘイ・トゥロリ・ロリ・ロリ Hey troly loly loly		愛の誓い	作者不詳
78	【*タンデルナーケン Tandernaken*】	(フラマン語)		ヘンリ8世
79	恵みを請い願う者は Whoso that will for grace sue		真愛の擁護と勧め	ヘンリ8世

4

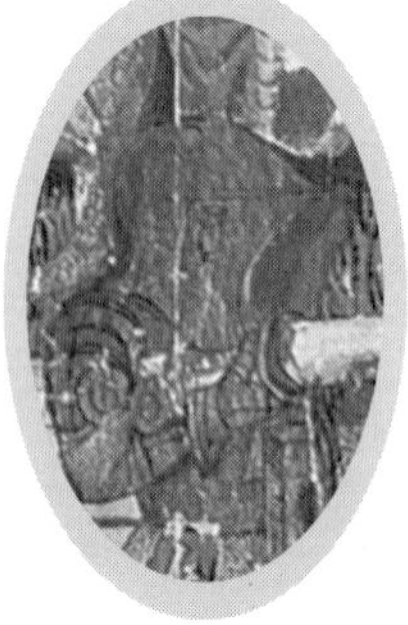

ルネサンス君主

ヘンリ八世は、神聖ローマ皇帝カール五世やフランス王フランソワ一世と並んで典型的なルネサンス君主であったと見なされている。ルネサンス期のヨーロッパでは、ギリシア・ローマの古典文化の復興を特徴とする人文主義の思想が広く流布しており、理想の君主を育てるために古典学問を重視した幼少の教育が推奨されていた。たとえば、エラスムスの『キリスト教徒君主の教育について』、ビュデの『君主の教育について』の作品のなかでは、古典作品を引用しながら、君主の教育とその教育によって形成される君主のあるべき姿について言及されている。こうした助言書の類は古代から見られたが、ルネサンス期にも数多く出版され、のちに「君主の鑑」というジャンルの作品としてまとめられている。当時の理想的なルネサンス君主像は、敬虔なキリスト教徒であること、人文主義的教育を受け教養があること、そして古典古代の時代から論じられてきた枢要徳の徳目、すなわち「正義」、「思慮（知恵）」、「中庸」、「勇気」を備えていることであった。本章では、ヘンリの幼少期と教育環境、そしてヘンリの君主像の特徴について検討しよう。

1　幼少期の教育とヘンリ

ヘンリは、テューダー朝の開祖ヘンリ七世とヨーク家出身の妃エリザベスとの間の次男として生まれた。ヘンリが幼少のときは、次期イングランド王位継承者である五歳年上の兄アーサーほど注目されておらず、当時の記録も少なく不明な点が多いが、ヘンリは兄アーサーとは離れて他の姉妹たちとともに育てられていたようである。ヘンリの最初の個人教師は、詩人のジョン・スケルトンで、彼は一四九六年頃から一五〇二～一五〇三年までその職についていた。他方で、兄アーサーは一四九一年頃にはジョン・リード、その後、バナード・アンドレやトマス・リナカなど一流の人文主義者からの指導を受けていた。ヘンリが受けた教育内容について詳細は知られていないが、おそらく彼は、兄アーサーや当時のヨーロッパの君主たち同様に、君主の教育の基盤となっていた古典学問に基づく人文主義（ストゥディア・フーマーニターティス）の教育カリキュラムを受けていたと考えられる。この教育カリキュラムは、文法、修辞学、歴史、倫理学、そして詩を含めた古典の学問から構成され、君主のみならず、当時の裕福な子弟の教育としても奨励された内容であった。当時、人文主義者たちは、古典を重視したこのカリキュラムを通じて君主の内面を磨き、君主に必要な資質を育成し、将来、君主が国をよい方向に導いて統治することを期待していた。とくに、古典作品として人気があったのは、プルタルコス、クインティリアヌスの『弁論者の教育』、キケロの『弁論者』などであった。ヘンリの蔵書一覧にも、こうした著名な古典作品が豊富に収められていた。

成人したヘンリが学芸に優れていた様子からも、幼少期に学問に勤しんでいたことが想定できよう。一五一五年、ヴェネツィア特命大使パスクアリーゴは、ヘンリが国王に即位してから約八年後、二五歳になる一か月ほど前のヘンリについて以下のように記している。

彼は、フランス語、英語、ラテン語を話し、イタリア語も少々話し、リュートとハープシコードをうまく弾き、楽譜を見てすぐに歌うことができ、イングランドのなかで他のどの男性よりも強く弓をひき、巧みに馬上槍試合をします。まことに、彼はあらゆる点で最も完璧な君主です。

ヘンリの宮廷に四年間滞在したヴェネツィア大使セバスチャン・ジュスティニアンも一五一五年五月にヘンリに関して次のような報告をした。

最も高貴な殿下は、軍事や偉大な勇敢さ、そして個人の才能に非常に優れているのみならず、世界中をさがしても彼に匹敵する人物はほとんどいないほど才能があり、あらゆる面で多芸であります。彼は英語、フランス語、ラテン語を話し、イタリア語をよく理解し、ほとんどの楽器も弾き、歌い、上手に作曲し、……分別があり、思慮深く、いかなる悪徳にも染まっておらず、そのうえ、国にとっては慈愛あるよき友のようです。

一五一九年にも同ヴェネツィア大使は、二九歳のヘンリが「キリスト教圏の他のどの君主よりも非常にハンサムで、フランス王よりもはるかにそうである」と評している。

当時の著名な人文主義者エラスムスも、一五二九年四月、友人コッホレウスに宛てた書簡のなかで、幼少期のヘンリのことを思い出し、称賛していた。

国王は、ほんの子どもであったときに、学問を始めた。彼は、聡明で活発な精神を持ち、どんな課題に対しても非常にうまくおこなうことができた。……彼は、生まれながらにして器用で、乗馬や投げ矢という通常の芸では、誰よりもまさっていた。彼は万能な天才である。音楽はなかなかうまかった。数学では、非常に教えやすい生徒であった。彼が学問をおろそかにしたことは一度もなかった。……彼は、国王というよりはよき仲間であるといえよう。

エラスムスは、トマス・モアの歓待を受け、一四九九年にイングランドをはじめて訪問した際、グリニッジ近辺のエルタム宮殿にて若きヘンリ王子に会った。それ以降、ヘンリとエラスムスは、幾度か書簡を交えて交流を深め、のちに国王になったヘンリは、エラスムスを厚遇した。

他方、幼いヘンリには、父に対する複雑な心境があったことも否定できない。父ヘンリ七世は、長兄のアーサーばかりに目をかけており、しかも後継者であるアーサーと比べるとヘンリの幼少期の公式の記録はあまり記されていなかった。しかしながら、一五〇二年に兄アーサーが急死すると、イングランド王位の継承者として突然、一〇歳のヘンリは、あらゆる面で脚光を浴びるようになった。父の死去後、一五〇九年ヘンリは一八歳でイングランド王に即位した。ヘンリの戴冠式にあたり、マウント卿のウィリアム・ブラントがエラスムスに宛てた五月二七日付の書簡には、新たな国王について次のように記されている。

いまや彼がいかに勇敢に、また賢く振る舞い、どれほど正義や善行を大切にし、学識ある者たちにどれほどの愛情を示しているか、あなたが知ったら、この新たなめでたい人気者を拝見しに飛ぶ羽があろうがなかろうが、きっとここにくるでしょう。

一メートル八四センチの長身のヘンリは、背格好も含めて祖父のエドワード四世に似ていたといわれている。若き青年ヘンリは、国内外の評判もよく、陽気で温かい人物として知られていた。かくして、古典学問を学び、武芸にも優れたルネサンス君主ヘンリが成長していったのである。

2 勇敢な国王像

ヘンリに関する君主像の特徴のひとつは、「勇気」の徳目に表れている勇敢さである。父ヘンリ七世から平和で比較的安定したイングランドを継承したヘンリは、外交に興味を持ち、とくに軍事的栄光を求めた。一六世紀のヨーロッパでは、スペイン・オーストリアのハプスブルク家とフランスのヴァロア家が覇権をめぐって激しく対立していた。ヘンリは、両国の対立に関与して、一五一三年、フランス王ルイ一二世と対戦し、イングランド側が勝利を収めた。同時に、ヘンリは中世以来の「古い同盟」を理由に、フランス側を支援するスコットランドとも対戦し、勝利を収めている。大陸から凱旋した国王は、人びとから歓呼の声をもって迎えられた。その後もヘンリは、覇権争いに関与して幾度も大陸で戦火を交えた。戦いにおいて死を恐れない点は、騎士道精神の理想として挙げられる「勇気」の徳目を表していた。

このような戦場での勇敢さだけでなく、ヘンリは娯楽でも勇敢さを示した。中世以降、ヨーロッパでは、トーナメント（武芸競技大会）が貴族層の軍人の間で人気のある娯楽であった。ヘンリ治世期でも、トーナメントの際、馬上槍試合が盛大におこなわれた。馬上槍試合とは、武装した騎士たちが二つのグループに分かれて、騎乗して槍を下段に構えて持ち、フェンスをはさんで異なる両側から突進しながら、一対一で一騎打ちをして戦うものである。相手側を突いて落馬させた側が、

図 4-1　ヘンリの馬上槍試合

出典：Lipscomb, 2009, p.16.

勝利者となった（図4-1参照）。この試合で勝つには、力強さと乗馬の技術が必要で、しかもこの競技には大きな危険もともなっていた。試合中に、けがをする者、腕を折る者、失明する者もいた。ヘンリ自身、試合中に落馬し二時間ほど意識不明になったこともある。トーナメントは、危険を背負うがゆえに競技者の勇気が対内的にも対外的にも示されることもあり、当時多くの王家や貴族の若者たちを魅了したのである。

ヘンリは、一五一七年七月七日にグリニッジで盛大な馬上槍試合を開催した。教皇庁大使の記録によると、馬上槍試合は、新たに建てられた試合場でおこなわれた。最初に入場してきたのは兵器庫隊長のエドワード・ギフォードで、彼は試合の進行役という役割を担い、二四名のトランペット奏者とともに登場した。次に、国王ヘンリが一四名の挑戦者とともに入場し、対抗するサフォーク公爵が同じ人数の挑戦者を連れて入場してきた。当時、ヘンリとサフォークは「ヘクターとアキレスのように戦った」と記されている。

ヘンリの馬上槍試合に対する熱狂ぶりは国内だけではおさまらず、彼は一五二〇年に異国フランスにまでおもむいている。むろん、この試合には、ハプスブルク家と覇権争いをしていたフランス王フランソワ一世が、フランスへの支持をイングランドから得ようとしていたため、国王同士の会談が含まれており、政治的外交の意味合いが強かった。一五二〇年五月二〇日ヘンリは約六〇〇〇名の従者を連れグリニッジを出発し、イングランドの前哨地点であるカレーとフランス領土の境界アルドルに位置する平原に向かった。この平原には、急遽、石や木材で作られた宮殿や、黄金の布で作られた多くのテントやパヴィリオンが建てられた。そこからこの平原は、「金襴の野」と呼ばれた。ヘンリは六月にこの平原でフランソワ一世と会談をおこない、六月一一日から二二日までの間の休暇日も含め、一七日間トーナメントを開催した。平原では、馬上槍試合のほかに晩餐、ページェント、演劇、仮面舞踏会も開催され、この豪華絢爛とした一連の娯楽を含む当時の様子はヨーロッパ中に知れ渡ることとなった。

3 神聖な国王像

勇敢な君主像に加えて、神聖な国王像という新たなイメージが強調されるようになったのは一五二九年になってからである。ヘンリの婚姻をめぐってローマと対立したイングランド側は、教皇尊信罪を主張し、イングランド王に対するローマ教皇の優越権を退けた。一五三三年にヘンリは、ローマ教皇の承認がないなか、キャサリン・オブ・アラゴンとの婚姻関係を「無効」にしてアン・ブリンと結婚し、ローマ教会から離脱して独自のイングランド国教会を設立した。翌年、一連の法律が制定され、ローマ教皇の権威はイングランドから排除され、それに代替する形で、イングランド王の神聖さやその権力の絶対性が強調され、王権に対する人びとの服従が説かれた。同年、国王至上法が発布され、国王は霊的領域をも治める「イングランド国教会の地上における唯一最高の首長」であると宣言した。国王権威の至高性が完成したのである。

神聖な国王像というのは、すでに中世ヨーロッパで掲げられたイメージであった。それは、グレゴリウス七世の治世（一〇七三～一〇八五年）に、ローマ皇帝がローマ教皇の叙任権に対抗して、自らも叙任する権力があると主張した論争に起源を持つ。聖書によると、すべての権力は神に由来し、国王は神から直接その権力を与えられたため、神の代理人として位置付けられ、やがて国王自身が神と同一視されていく。さらに、聖書の権威とともに、ギリシアの異教文化に起源を持つ「神秘的な力」も国王権力に融合され、国王には神聖不可侵で神秘的な権力が備わっているとして、王権がますます高められていったのである。

中世イングランドの王権は強固ではあったが、フランスなどの大陸ヨーロッパの国と比べると神学的な理論からその権力を強化していたわけではなかった。いまやローマ教皇の霊的権力を吸収したヘンリは、かつて大陸ヨーロッパで論じられていた霊的対俗的権力の議論を再現し、出版物を活用してイングランド王が神と教会の唯一の仲介役であることを主張した。たとえば、ヘンリの最高権力を擁護するために、トマス・スターキーの「説教」やウィンチェスター主教ガードナーの『真の従順についての演説』（一五三五年）では、神に対して服従するように国王に対しても服従しなければならない点、また教会と王国はひとつである点が強調されている。

他方で、図象は、読み書き能力に関係なく、王権の神聖さを伝達するのに非常に効果的な手段であった。ここで二つの聖書『カヴァデール聖書』（一五三五年）と『大聖書』（一五三九年）の表紙を見てみよう（図4-2、3参照）。正式には国王の認可はおりなかったが、イングランドではじめて英語で完訳出版された聖書『カヴァデール聖書』は、ヘンリの側近トマス・クロムウェルの庇護のもと配布された。これはプロテスタントが目指していた母国語である英語での聖書出版に対する国王の暗黙的了解を示している。ヘンリの宮廷画家ホルバインが、この聖書の表紙を描いている。『カヴァデール聖書』の表紙の中央下部には剣と聖書を持つ国王ヘンリの姿がある。聖書は、神

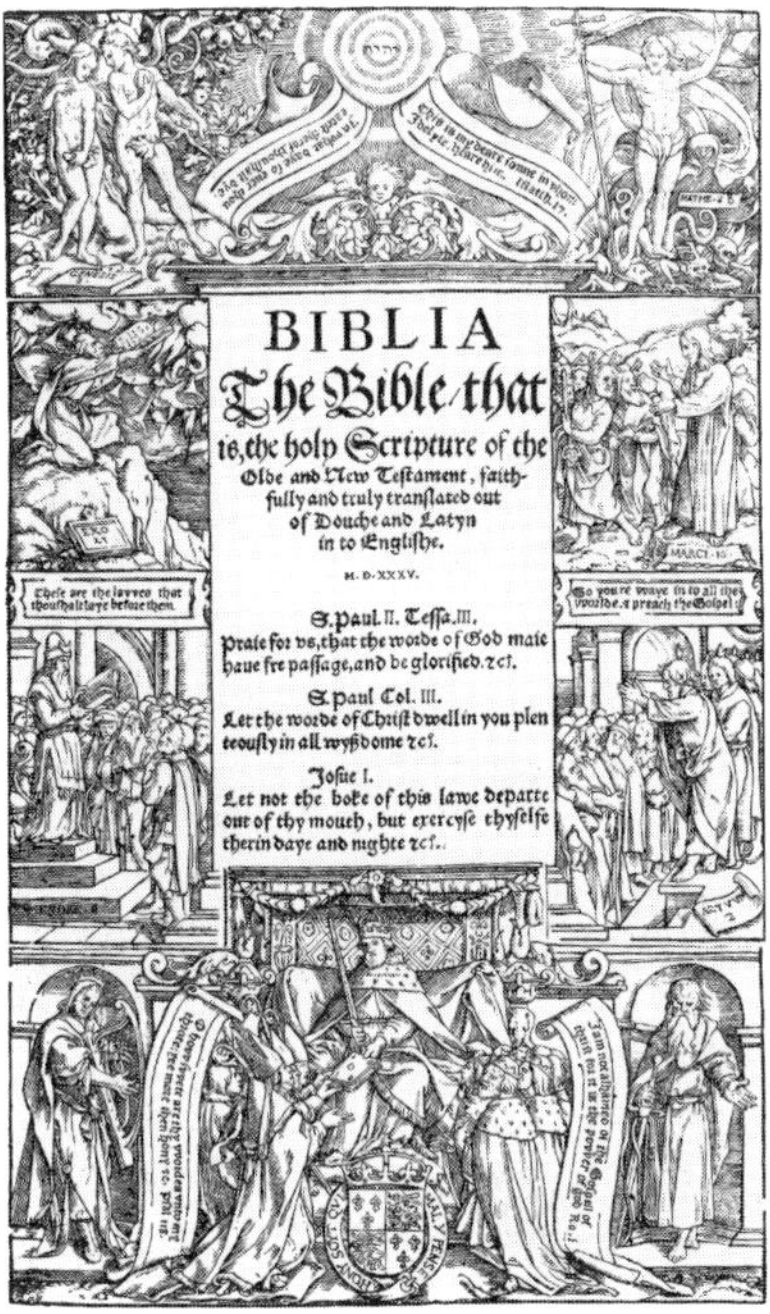

図 4-2　『カヴァデール聖書』(1535)

出典：Herman, 1994, p.92-i.

の啓示を示す世俗の道具を意味していた。剣は、「霊の剣、すなわち神の言葉を取りなさい」（「エフェソの信徒への手紙」第六章一七節）という文言にあるように、正義のための刀を表していた。ヘンリは世俗的領域のみならず霊的領域をも支配する宗教改革の国王として描かれている。表紙の下部にヘンリが位置し、その上部は、左右に分けられており、左側には旧約聖書、右側には新約聖書の一場面が描かれている。左上には、モーセが神から十戒を授かる場面、その下には、エスドラスがモーセの法を説教している場面がある。右上には、キリストが「マルコによる福音書」第一六章一五節に記されているように使徒たちに活動するよう命じている場面、その下にはペテロとその従者がペンテコステ（聖霊降臨祭）のときに説教している場面が描かれている。これらの場面から、ヘンリが神から直接権力を授かっているという点、教皇が聖ペテロの鍵の継承者であるということを否定している点が読み取れる。この表紙は、旧約聖書および新約聖書が、教会権威の介入なく、中央下に位置する国王ヘンリに伝達されたのち、人びとに伝えられるという様子を象徴している。ここで神と直接結びついたヘンリの神聖なる国王像が完成するのである。

一方、『大聖書』の表紙は、『カヴァデール聖書』の表紙をより洗練したもので、世俗界での国王の権威が明確に描かれている。この表紙の中央上部には、国王が教皇の代わりに頂点に位置して天国と地上との間の唯一の媒体として描かれており、国王のみが聖書の内容を第二段階に位置する主教や貴族に伝えることが示されている。プロテスタントにとっては教皇が排除され、国王が教会を支配する点で、彼らの改革路線ともある程度一致していた。しかしながら、ヘンリの初期の宗教改革政策は、これまでの伝統的な教義や儀式を多く維持していた。実際、表紙の最下部に位置する会衆たちは、自分で聖書を読み信仰を育んでいるのではなく、聖書台から言葉を聞き理解している。しかも、彼らの多くは、英語ではなく、ラテン語を発している。この表紙には、カトリック的要素を多く維持しながらプロテスタント的要素を取り入れ始めた一五三〇年代のヘンリの宗教政策が反映されていたのである。二つの聖書の表紙に共通しているのは、ヘンリがダビデ王あるいはソロモン王のように描かれていたことである。またヘンリは、エジプトから民を脱出に導いたモーセの姿にも重ね合わされ、カトリック教会という束縛から解き放たれ、新たに選ばれたイングランドの民を導く国王として見なされていた。

図 4–3 『大聖書』(1539)
出典：Herman, 1994, p.92-iii.

人文主義の影響のもと幼少期に教育を受けたヘンリは、青年に達してからルネサンス君主としての評判をヨーロッパで得ていた。彼の宮廷は、騎士道的な価値観や古典古代の教養に重きを置き、仮面舞踏、ダンス、音楽、馬上槍試合や他のスポーツを奨励していた。しかしながら、一五三四年に国王至上法を発布したのち、これらの娯楽の存在が影を潜め、かわってヘンリの神聖さや王権の絶対性が主張され、国王に対する人びとの服従という価値の方が重視されるようになった。ヘンリの国王像は、一五三〇年頃を境に、歴史家J・モリルによれば「ルネサンス君主から宗教改革の開祖」へと変化していったのである。

（小林麻衣子）

II　ヘンリの国内統治はどのようなものであったのか？

5

議会

イギリスは、議会制民主主義発祥の地といわれる。たしかに、イングランド議会が他国に先駆けて封建的な身分制原理を脱却し、国民代表による意志決定機関としての地位を確立したという点では、この主張は的を射ていよう。とはいえ、王権をも制限しうるこのような議会主権が国制上において確立するのは、どんなに早く見積もっても一七世紀末葉のことであり、それまでの議会と国王の関係は非常に微妙な問題をはらんでいた。ヘンリ時代の議会と国王の関係についても、いまだに議論は多い。ここでは、宗教改革や行政革命論との関わりを中心に、イングランド議会史におけるヘンリ時代の意義について概観してみよう。

1　議会制度の成立

はじめに、一六世紀にいたるまでの議会の歴史についてごく簡単に見ておこう。イングランドにおける議会の起源は、中世初頭に存在した封建的集会と代表制集会に求められる。封建的集会は国王を中心にその直属家臣たちが参集する会議で、司法・行政・立法権を包含していた。また封建的集会はその規模に応じて小会議と大会議とに分類されたが、このうち小会議の構成員は次第に行政官や法律家が中心となり、やがて国王評議会と呼ばれるようになった。それに対して貴族たちは大会議に結集するようになり、これがのちに「パーラメント」と呼ばれるようになっていったのである。他方の代表制集会は、税の円滑な徴収を目的として州の代表者が国王のもとへ召集されたもので、やがて都市の代表者も召集されるようになっていった。したがって「パーラメ

図 5-1　1523 年の議会に出席するヘンリ 8 世
出典：Graves, 1985, 表紙.

ント」と代表制集会はもともと別個の制度であったのだが、両者は一三世紀から一四世紀にかけて徐々に統合されていった。また、同時期に聖職者の代表は独立した聖職議会を形成するようになった。こうして一四世紀末までには貴族院と下院（庶民院）からなる議会制度が確立した。

中世におけるイングランド議会については、以下のような特徴が指摘できる。第一に、前述のような成立過程をたどったために、裁判所としての役割と代表制集会としての役割を兼ね備えていた。第二に、貴族・聖職者・平民から構成されるフランスのような三部会制ではなく、貴族院と下院から構成される二院制が採用された。第三に、議会は臣民が不満を表明する場としての役割を認められており、国制における地位が相対的に高かった。それゆえ他のヨーロッパ諸地域の身分制議会と比較すれば、同時代のイングランドにおける議会の重要性はすでに高まっていた。とはいえ、あくまでも中世の議会は王権の下にある制度であり、依然として政治的主導権を握っていたのは国王であった。

2 宗教改革議会の展開

以上のような議会と国王との関係にひとつの大きな転機をもたらしたのが、一五二九年から一五三六年まで開催された、いわゆる宗教改革議会である。王妃キャサリンとの離婚とアン・ブリンとの結婚についての認可を教皇から得ようという、ヘンリとトマス・ウルジーによる外交交渉は、

図 5-2　トマス・ウルジー
出典：Scarisbrick, 1968, 口絵.

図 5-3　トマス・クロムウェル
出典：Scarisbrick, 1968, 口絵.

一五二九年一〇月までに完全に行き詰まってしまった。そこで事態を打開するためにヘンリが選択したのは、議会を利用してイングランド国内で問題を解決する方法であった。というのも、カトリック教会からの離脱という社会を根底から揺るがすような政策の転換を成功させるためには国内の支配階層の支持がどうしても必要であり、議会はこの時点までにそうした支持が最もよく表現される場となっていたからである。そして一連の政策立案を中心的に担ったのが、ウルジーと入れ替わるように宰相の座についたトマス・クロムウェルであった。次に、クロムウェルがこの議会を利用してヘンリの離婚問題を解決していった経過を概観してみよう。

一五三一年、まずヘンリは、自分がイングランド教会と聖職者の「最高の首長」であると聖職議会に認めさせた。さらにその翌年、クロムウェルは「教会裁判権に反対する下院の嘆願書」を起草し、ヘンリがこれを聖職議会へ回付して「聖職者の服従」という文書を引き出し、教会の立法権を事実上剥奪した。また同時期には「初収入税上納禁止法」も成立させ、司教が叙任された最初の年に教皇に上納する年収を差し止める権限が国王に与えられた。一五三三年に入りクロムウェルは、イングランド国内の法廷での審議を経ない教皇への上告を禁止する「上告禁止法」を議会に提出して、教会の裁判権をも国王に一元化した。一五三四年には、「聖職者服従法」によって先の「聖職者の服従」に法的拘束力を持たせ、「王位継承法」によってヘンリとアンの間に生まれていた子（のちのエリザベス一世）を正当な王位継承者と規定させた。こうして教皇の権威からの脱却を目指してきた議会の活動は、同年一一月に成立した「国王至上法」で頂点を迎える。この法律によって、それまでローマ・カトリック教会の一部であったイングランド教会が教皇至上権の傘下から外れることが決定的となり、ここにイングランド国教会の基盤が築かれたのである。このようにして国王と教皇の二元的な権力体制を解消したのち、ヘンリとクロムウェルが教会の経済的な弱体化をはかる際に活用したのも、やはり議会立法であった。すなわち一五三六年には「小修道院解散法」が制定され、年収二〇〇ポンド以下の修道院は解散を命じられた。さらに「恩寵の巡礼」の反乱の後には、これを支援したという理由などでその他の修道院にも圧力がかかり、自発的な解散が相次いだ。ついに一五三九年には「大修道院解散法」が制定されて、この措置も法的に追認された。以上のように、イングランドにおける宗教改革はどの段階においても議会の権威を利用して進められていったのであり、その点で国王や領主の意志に依存する傾向の強かった大陸諸国とは好対照をなしているといえる。

3 「テューダー行政革命」論における議会

こうした宗教改革の進展と同時並行的に、統治機構の改革も推進されていった。中央では、国王を補佐する国王評議会の構成員のうち、恒常的に会議に出席する有能な議官だけで構成される別個の機関が独立し、行政の中枢となる枢密院が形成された。財政面においても、従来プリヴィ・チェインバーが扱っていた業務を担う機関として、初収入・十分の一税裁判所、王室増加収入裁判所、後見裁判所などが設置された。これと並行して、地方においても改革が進められた。周縁地域を統治するための機関としてウェールズ辺境評議会、北部評議会が設置され、さらに一五三六年の「合同法」によってウェールズをイングランドの法体系に組み入れるなど、王国の統合が進められた。また、在地のジェントリを無給の治安判事に任命して統治にあたらせるシステムが確立されたのも、この時期であった。著名なテューダー朝史家G・R・エルトンによれば、以上のような諸改革により、イングランドの国家体制は、中世的な家産制統治様式から近代的な官僚制統治様式へと大きく転換した。したがって、この国制上の変化は「テューダー行政革命」と呼べるほど重要な意義を有するものであるとして、その政策立案に中心的役割を果たしたクロムウェルの名とともに、高く評価されたのである。同時期における議会の性質の変化も、当然この「行政革命」論のなかに位置付けられることになった。

エルトンは、宗教改革議会の持つ国制上の意義を大きく次の二点に求めている。第一に、議会が宗教改革を遂行する主体となったために、議会制定法の有する効力が広い範囲に拡大され、宗教的な問題に関しても自然法に優越しうるという主張がなされるようになった。これ以降、議会制定法が至上の法として認められるようになっていったのである。第二に、国王・貴族・州および都市代表から構成される「議会内の王権（キング・イン・パーラメント）」に至高の立法的権威が存在するという観念が明確となり、国王は単独でも立法が可能であるという、中世後期まで残存していた思想は後退していった。

以上のように議会の地位が上昇したことで、国家の統治システムに占めるその政治的・社会的重要性も増大していったとされる。まず支配者側にとってみれば、国家に関する重要事項を議論し、なおかつその内容を国内に広く示しうる政治機構としての議会の有用性が高まった。これ以降国家に関する重大な案件は議会への諮問が当然視されるようになり、とりわけ会期冒頭における特別税（サブシディ）の承認が慣例化されたことは、それまで主な歳入を封建的諸収入に依存していた国家財政にとって大きな転換点となった。一方で、統治される側にとっても、議会の利便性は増進していった。第一に、議会制定法の権威が絶大となったために、これが個別的問題を最終的に解決する手段として用いられるようになった。すなわち、他の裁判所による決定では十分な実効性を確保できない場合でも、議会で立法をおこなうことによって迅速かつ効果的に案件を処理できるようになったのである。第二に、自分自身の社会的上昇の手段として、議員の地位が利用されるようになった。これはたとえば、国王評議会が枢密院へと改組される過程で構成員の流動性が高まり、貴族以外の人物が枢密議官となる場合、下院議員としての経歴を有している者のなかから任命されるのが常態となった点に明瞭に示されている。このように、クロムウェルの諸改革によって議会は支配者・被支配者間の「接触点」として機能するようになり、これが結果的に国家の安定性の維持に大きく寄与した、とエルトンは論じたのである。

4 「行政革命」論の問題点

「接触点」としての議会というエルトンの主張は、国王と議会が対立する局面にのみ目が向きがちであった、それまでのテューダー朝期の議会史研究に非常に大きなインパクトを与えた。とはいえ、こうした議会の捉え方に対するさまざまな批判も提起されている。最後に、こうした批判のなかでとくに重要と思われる二点に絞って紹介してみたい。

まず、エルトンが当時の議会代表を過度に近代的な尺度で理解しているのではないかという問題がある。個別的な問題解決の場としての議会の意義が強調されるとすれば、そこで想定されているのは地域共同体や職能集団の意を受けてその利害を代弁する議員像であると考えられる。ところが、のちの研究によって、一六世紀前半における議会代表の選出は、権利としてよりはむしろ国王やコモンウェルスに対する義務であると理解されていた状況が明らかになった。また一五三〇年代以降、政府提出法案と区別される私的法案の提出数が増加している事実は確認されるものの、それらが制定法として成立する割合はきわめて低く、その内容も首都ロンドンを中心とするイングランド南東部の諸地域に関わる事項に偏っていた。したがって、代表概念に関する思想面においても議会制定法の現実的有用性の面においても、議会を全面的に「接触点」として認識するのは無理があるという指摘がなされている。

次に、テューダー朝期における議会機能の変質を認めるとしても、その契機を一五三〇年代に見るのが妥当かどうかという問題がある。「議会内の王権」という原則が確立されたとはいえ、実際にはこの時点でも王の権力は依然強大であった。議会は定期的な開催を保証されていたわけではなく、その召集と解散は国王の一存にかかっていたのである。またエルトンはこの時期に地方ジェントリ層で政治的機構としての下院への関心が高まり、その圧力に押されるようにして下院の議席が追加されていったとしている。しかし実際には中世においても議席数の大幅な増減が確認されており、さらに新議席から選出されたのはパトロンから指名された者が大半であった。このように中世との連続性を重視する論者は、むしろ一五八〇年代に変化の兆しを見ている。なぜなら、この時期になると、住民がほとんど居住していない都市に議席が割り当てられていることに対して懸念が表明され、選挙に関する手続きが厳格化されるなど、議会代表を「権利」としてとらえる理念の萌芽が見られるからである。

以上の批判からもわかるように、「テューダー行政革命」論を全面的に肯定するのは不可能であり、一五三〇年代に議会が一挙に近代的な機構へ変貌したと主張するのは明らかに無理があるだろう。とはいえ、この時期の重要性を過小評価するのもまた誤りである。一連の事件を通じて、議会が国王の単なる諮問機関から国家全体の意志決定機関としての性格を強めていったのは確かであり、これによって統治システムの一翼に組み込まれていったのである。もちろん、それは議会が国王に対抗できる権力を即座に獲得したことを意味しない。だが、イングランド議会史全体を通じて考えてみると、一七世紀以降に打ち建てられる議会主権へ向けて、宗教改革議会は間違いなく大きな一里塚となったのである。

（仲丸英起）

column

近世イングランド議員の選出方法

現代社会に生きているわれわれにとって、複数の候補者のなかから有権者による選挙で議員が選出されるのは当然のように思われる。だが、近世イングランドにおける選挙の大半は、定数以上の立候補者が現れない非競争選挙であった。もちろん形式的に選挙は実施されたのであるが、実際には投票日以前に選出者が決定されていたのである。同時代における議員選出の基準となったのは、候補者の主張する政策やイデオロギーではなく、各地域共同体における当該人物の地位や権威であった。このような世界においては、定数を超える立候補者の出馬は、その共同体が調和的な社会ではないという事態をさらすことになった。それゆえ、選挙後に禍根が残るような事態を避けるために、事前の調整は必須となったのである。

また、近世イングランドでは議員が選挙区を頻繁に移動した。当時の選挙区割は、有権者数に応じて規定されていたわけではなく、選挙権を握った中央や地方の有力者が当選者を実質的に決めることができるような都市選挙区が多数存在していた。そして、こうした選挙区では、その地域とは縁もゆかりもない人びとが、有力者との縁故によって選出された。とりわけ自分の地域における影響力が弱い人びとは、有力者に指名されるがままに選挙区を渡り歩くことになったのである。

（仲丸英起）

6 儀礼

従来のテューダー朝史研究の意義のひとつは、「テューダー行政革命」という概念に象徴されるように、統治構造や権力機構を明らかにする点にあった。ここではそうした「王の権力」を支えていた「王の権威」の問題、すなわち国王は単なる権力の行使者である以上に権威の体現者であった点に注目してみたい。とくにテューダー朝時代の国王は、万人を超越した非日常的な価値観によって自らを表象化し、絶対的な権威を帯びていったのであり、この点にこそ、彼らの歴史的特質を認められると考えられるからである。

そこで、宮廷儀礼、国王の議会行進、地方への巡幸などの王の儀礼に注目しながら、王権が王の儀礼を通じて非日常的な価値観を体現するものとしてシンボライズされ、絶対的な権威を身に付ける過程、またそれが実際の国家統治のあり方をどのように規定していたのかについて考えてみたい。

1　王権の表象としての国王の身体

テューダー朝時代の国王の権威がいかなる価値観や理論によって正当化されていたのかについて、国王の身体の聖性をめぐる議論から考えてみよう。いわゆる「国家の神秘体」として、国家を神秘性を帯びたひとつの政治的身体（頭ー国王、四肢ー臣民）として捉える国家観は、すでに中世以来よく知られていた。一六世紀になると、この理論はイングランドにおいて、さらに独自の発展を遂げることになる。すなわち、国家や王権を表象するものとして国王の身体そのものが重視され、その神秘性ないし聖性が強調されるようになったのである。

たとえば、王の身体の聖性をめぐる議論のひとつとして、イングランドの法学者らを中心に「王の二つの身体」の理論が考案されている。それによると、国王は自らの体内に二つの身体、すなわち人間としての「自然的身体」と不滅の「政治的身体」を有していた。前者は他の人びとと同様にあらゆる欠点にさらされている身体であった。それに対して後者は、ふだん目で見たり手で触れたりすることはできず、自然的な欠点あるいは幼児期や老齢期も存在しない消え去ることのない身体であって、政治組織や統治機構からなり、人民を指導し、公共の福利をはかるものと捉えられていた。「政治的身体」は国王が亡くなると、新国王の自然的身体に新たに移ると考えられ、いわゆる「国王は永遠に死なず」という「不死の王権」理論が確立されたのである。しかもイングランドの場合、一五三四年の宗教改革によって国王が国教会の「至上の長（スプリーム・ヘッド）」となったことで、国王の身体は、イングランド、フランス、アイルランドの王にして、イングランド教会およびアイルランド教会の地上における至上の長を表象することになったのである。

2 プリヴィ・チェインバーの成立

では国王の身体が王権を表象し聖性や神秘性を高めていったことが、ヘンリ八世の統治のあり方に、いかなる影響を及ぼしたのだろうか。この問題について、国王の身体の象徴性が、王の儀礼のなかに体系化される過程のなかで考えてみよう。

すでに「宮廷」の章で述べたように、一五二六年に発布されたエルタムの布告により、宮内府の構造に大きな変化が生じることになった。すなわちチェインバーが公式儀礼の場として公的な性格を強めたのに対して、従来チェインバーが有していた国王の私的生活の場としての機能は、新たに設置されたプリヴィ・チェインバーの管轄下に入ったのである。プリヴィ・チェインバーに関する記述がはじめて現れるのは、一四九〇年代後半、ヘンリ七世治世晩年のことである。この頃に「便器係」としてH・デニスの名前が史料に現れる。彼の職務は、文字通り国王の便器の管理、排便の状態の確認・処理を中心とする国王の身辺の世話であった。ヘンリ六世時代に国王の便器を管理していたのは、より下級の「便器担当ヨーマン」であったが、その後その職務はチェインバーの宮内官に任されるようになった。いずれにしても、便器係の本質的な職務は、エルタムの布告が施行されて以降も変わることはなかった。たとえば、一五三九年九月一二日に、当時、同職にあったT・ヒニジは、クロムウェルに対して国王が風邪気味であり、「(昨夜陛下はいつもより早めに床につかれましたが）今朝がた午前二時頃にお目覚めになり用を足されました。その際に侍医が陛下に飲ませた薬のせいで、大量の便を排出されました」と報告している。ヘンリ七世時代の同局の職員としては、ほかに一握りの宮内官、小姓がいた。この時点で同局は、いまだにチェインバー内部の一部局に留まっていた。また彼らの社会的出自は全体として低く、たとえば便器係でもせいぜい中小ジェントリどまりであった。しかしながらヘンリ八世時代に入ると同局の重要性が高まり、宮内府内の階層秩序に大きな変化が生じることになる。それはまずもって国王の個人的な性格に関わるものであった。即位後まもなくしてヘンリは、デニスにかえてW・コンプトンを便器係に任命する。彼は地方出身の中流ジェントリにすぎなかったが、注目すべき点は、彼がヘンリの若い頃からの遊び仲間であり、彼が宮廷内でも最も目をかけていた寵臣のひとりであったということである。このようにコンプトンが国王の寵臣であり、便器係への就任が重なったことが、同職の重要性を高め、その後宮内次官に次ぐ要職へと重要性を増していく契機となったのである。

こうして、徐々にではあるが、プリヴィ・チェインバーは宮内府内部においてその地歩を固めつつあったが、同局をチェインバーから自立した部局として正式に認めたのが、エルタムの布告であった（本書、第2章、図2-2）。このとき、同部局のメンバーは一五名から構成されることになったが、そのなかにエクセタ侯が名を連ねていることからも、同局の重要性の高まりを見てとれる。さらに六名が新たに設置された近習職に任命されている点も注目に値する。彼らはプリヴィ・チェインバーにおいて中心的な役割を果たしており、彼らのほとんどは騎士身分に属していたことから、ヘンリ七世時代と比べると同局の職員は様変わりして、高貴な身分の人びとから構成されるようになったといってよいであろう。便器係も、すでにコンプトンからH・ノリスに交替していたが、彼は近習職も兼任することになり、のちに近習長職に任命され、同局の実質的な責任者となる。彼はさらに自らの権限を拡大し、国政にも深く関わりを持つようになった。たとえば、ノリスはこの頃から国王の内帑金(ないどきん)を扱うようになるが、そのうちの少なからざる部分が、国政に関わる経費の支払いにあてられていた(本書、第2章、図2-1)。そのなかには国王の離婚問題についてローマ教皇側と協議するベネット使節団の経費や、ウルジー逮捕のための経費、カレー城砦の維持費などのようにきわめて機密性の高いハイ・ポリシイに関わる経費が含まれていた。これらの業務の遂行は、彼とヘンリ八世との間に絶対的な信頼関係がなければ不可能であっただろう。プリヴィ・チェインバーの官職保有者が宮廷内階層秩序のなかで重要な位置を占め、その影響力を増していった際に、それを正当化する宮廷内の論理のひとつは、国王と彼らとの間のこうした信頼関係や親密性にあったことは間違いない。したがって宮廷貴族の宮廷内における高貴さの源も、従来の血統に加えて、「国王との親密性」が、ますます重要な意味を持つようになったことを示している。

しかしながらプリヴィ・チェインバーの職員の重要性が、「国王との親密性」を介して増していったとしても、上層ジェントリが近習となって、国王へのボディ・サーヴィスという一見して隷属的な行為を宮内官から引き継いで実際におこなうことが、宮廷内のいかなる論理で正当化されたのかが見えてこない。そこで注目されるのが、国王の身体の象徴性をめぐる問題である。国王の身体に王の神秘性や聖性が表象され、またそれを効果的に演出することが、同局の重要性を高めたもうひとつの理論的根拠であり、エルタムの布告にもその点への配慮がよく示されている。たとえば同布告は、プリヴィ・チェインバーの正規の職員以外のものが、同局内へ入室することを禁じている（第五五条）。近習の職務としては、午前七時までにプリヴィ・チェインバーに入って国王の正装の準備をおこない、国王の衣服の脱着を手伝うことなどが規定されていたが、こうした国王の身体に直接触れるようなボディ・サーヴィスは彼らを除いて禁じられていた（第五九、第六一条）。さらに便器係を兼ねることになった近習長のみが、プリヴィ・チェインバーより奥に位置する国王の寝室をはじめとする国王の最も私的な部屋への入室（と国王へのボディ・サーヴィス）を認められており、同局の職員であっても、国王の特別な許可がないかぎり、これらの部屋への入室を禁じられていた（第六二条）。

以上のことから、この時期の宮内府改革、宮廷儀礼を体系化する契機のひとつは、国王の身体を王権の表象として捉える当時の王権理論を宮廷社会のなかにコード化し、国王の政治的権威をさらに高めようとすることにあった、ゆえに、その改革の中心も国王の私的空間であったプリヴィ・チェインバーの重要性をいかに高めるかという点に置かれていたのである。また国王と貴族との間の位階上の相違のみならず、本性上の違いが強調され、国王の身体の神秘性や聖性が高められたことで、はじめて国王の身の回りの世話の卑しさや隷属性が浄化されることにもなったのである。こうして便器係職が宮内府内部において、単なる便器の取り扱い役から宮内次官補へと上昇する道が開かれたのである。

3　国家儀礼としての議会行進

ヘンリ八世が、宮廷より開かれた場に立ち現れ、公衆との関わりのなかで執りおこなう大規模な国家儀礼の代表的なものとしては、戴冠式や葬儀などがある。しかしここでは、ヘンリの時代になってその重要性を増していった儀礼のひとつとして、議会行進を取り上げてみたい。議会行進は、戴冠式や葬儀のような重大な式典と比較して、壮麗さという点では及ばなかった。だが、ヘンリ八世が宗教改革を遂行する必要から頻繁に議会が召集されるようになるにつれて、徐々にその儀式次第は一定の形式を備えるようになり、恒例の儀式として認知されるようになっていった。さらに議会行進を管轄していたのは、テューダー朝の開始とほぼ同時に組織された紋章院であり、王権が統治技法のひとつとしてこの儀礼を重要視していたことがうかがえる。そしてテューダー朝期では、一五一二年の議会行進について唯一挿絵入りの行進記録が残されているので、これに基づきながら同時代の行進がどのように編成されていたのか簡単に見てみよう。

図6-1　テューダーローズをあしらった天蓋の下行進するヘンリ８世
出典：Hoak, 1995, pp.256-257.

図６－１に描かれているのは、行進していく国王と四六人の聖職貴族、二〇人の世俗貴族、そして紋章官や従者などである。ヘンリは、オコジョの毛皮と深紅の衣服に身を包み、豪華な宝石がちりばめられた帽子をかぶり、ガーター勲位を示す首章を付けて、王笏を携行し、四人の剃髪した修道士が支える天蓋の下を歩いている。この天蓋にはテューダー王家を表象するバラの記章（テューダーローズ）があしらわれている。王の直前に位置している侍従武官長は、権標と国家の式帽を携行している。そしてさらにその前を行くカンタベリ大司教とその従者たちは、聖人のイメージと結び付いた司教杖を携行している。王の後ろには高位貴族が続き、さらに聖ヨハネ騎士団長と男爵たちが付き従っている。すべての聖俗の貴族たちは緋色の衣服を着用しているが、これは議会行進のときのみに用いられる式服であった。またこの行進は、多数の民衆によって外部から見物されていた。

以上の概観からわかるように、議会行進には国家の中枢に位置する法曹・政治・宗教各界におけるエリートが参加していた。さらにそのなかで、国王は豪華絢爛たる衣服と天蓋によって差別化されており、その権威がいっそう際だつような仕掛けとなっていた。そしてこうした儀式に込められていた含意は、王を取り巻くあらゆる権力の象徴であり、諮問を必要としている支配者としての国王を喧伝するとともに、これを見物していた民衆の間に焦眉の問題が議会で解決されるという期待感をも喚起していたと考えられる。したがって国王は徳のある君主として、なおかつ議会という臣下の代表たちと権力を共有する政治的身体の頭として、表象されていたといえる。このように議会行進には、君主としての国王の権威と、国王と臣下との共同によって生み出される政治的権威が包含されていたのであった。こうした両義性は、他の国家儀礼においても表現されている。つまり国家儀礼では、単に国王の支配への臣下の承諾が求められているわけではなく、臣下の統治への自発的参加が求められたのである。

4 巡幸の機能と重要性

この時代の宮廷とは、その時々において国王が滞在する場所に存在するものであり、国王が移動すれば当然宮廷も移動することになった。ヘンリは、とくに八月から一〇月にかけての狩猟シーズンには、ロンドンから遠く離れた場所へおもむいていた。ここではこの時期を中心とする国王の王国各地への移動を、一般の「移動宮廷」と区別して、「巡幸」と呼ぶことにしたい。

ヘンリは新たな住居を多数取得・建設し、これらの邸宅へ頻繁に巡幸した。治世中約一一五〇回の巡幸がおこなわれ、そのうち八三〇回が自身の邸宅へのもので、残りが大司教、司教、宮廷人や貴族の邸宅へのものであったと推定されている。これを平均すると、年に三〇回を超える巡幸がおこなわれていたことになる。その回数が最も多かったのは一五二六年で、この年ヘンリは一年の三分の一もの期間、首都を留守にしていた。さらにヘンリの巡幸は、地理的範囲の面においても王国の全域にわたっており、また随行する人びとの数も八〇〇人に上ったともいわれるなど、まさに宮廷全体の大移動であった。

ヘンリの時代の巡幸には、大きく分けて二つの政治的機能が包含されていた。一点目は、国王が各地域へ直接出向いて臣下たちと対話をし、彼らの忠誠心を確かなものとするという、中世以来の機能である。二点目は国王の身体を可視化することで、国王のイメージを民衆に表象するという、エリザベスの時代に入ってさらに洗練されていく機能である。

まず前者の機能について具体例を挙げてみよう。ヘンリは、リンカンシァの反乱と恩寵の巡礼という王国を脅かす大きな危機の直後、ヨークへの巡幸を計画した。それは自身の統治を人びとに正当化する努力の一環であった。だが結局この巡幸は延期され、北部の情勢が安定した一五四一年になってようやく実施された。ヨークへおもむいたヘンリは、一般民衆が見守るなか、リンカンシァやヨークシァの土着の為政者たちの公式な服従の表明を受け入れている。またこうした特別な場合以外でも、巡幸は地方の為政者たちの忠誠心を喚起するのに貢献していた。ヘンリは巡幸先で狩猟をおこなうのを常としており、その地域の多数の名望家もこれに参加していた。狩猟は臣下とのコミュニケーションをはかるヘンリ独自の手法であると同時に、これへの参加を認められることは各地域の人びとにとって大変な名誉であった。このように、巡幸にはパトロネジを付与し、臣下の忠誠心を繋ぎとめる機能も備わっていたのである。

次に後者の機能についてみてみよう。前述したように、巡幸には多数の人員が随行しており、ある地点から別の地点へ移動するだけでも、その光景は地方の人びとに強い印象を残した。また国王を迎え入れる側では、各種の儀式を入念に計画していた。巡幸先が都市の場合はいわゆる入市式の形態をとる場合が多かったが、主催者が貴族や司教などの場合でも、なんらかの儀式が挙行されるのが一般的であった。そこで挙行されたページェントや儀式的な贈り物の交換といった儀礼上の装置は、可視的に王権を神聖化し、支配の正統性を民衆に確認させる機会となっていった。またそれは同時に、とくに入市式において見られるように、民衆が国王に期待する支配者像を表現する場でもあった。すなわち、可視化された国王の身体を媒介として、巡幸は国王の権威を具体的に提示し、国王と民衆との間に自然な愛情を築くのに寄与していたのである。

このように、巡幸はヘンリにとって重要な統治手段と見なされていた。地方を訪れることで、ヘンリは国王としての権威を強化し、儀式や儀礼化された見せ物を通じて臣下たちに自身を表象した。そして人びとが直接眼にした国王の姿は同時代人たちに永続的な印象を残したのであり、それゆえ巡幸は単なるパフォーマンスには留まらない、大きな政治的重要性を有していたのである。

（井内太郎・仲丸英起）

7

宗教と教会

ヘンリ八世は、宗教改革を断行しイングランド国教会を創設した国王としてよく知られている。本章ではヘンリ八世治下の教会の状況とイングランド宗教改革の過程を追い、成立した国教会の方向性との関連でヘンリ八世自身の信仰についても考えてみたい。

1　宗教改革前夜のイングランド

ブリテン諸島にキリスト教が伝わったのは、まだローマ帝国がキリスト教を公認する前であったといわれる。他方、カトリック教会がイングランドに正式な布教を開始したのは、一般に五九七年に教皇グレゴリウス一世がアウグスティヌスをイングランドに派遣した時点とされる。グレゴリウスは当初、自らイングランドへの布教を計画していたが、自身の教皇選出にともない、出身修道院の後任院長であったアウグスティヌスがイングランドに派遣されることとなった。こうして、アウグスティヌスは初代のカンタベリ大司教となる。その後、中世を通してカトリックの教会機構の整備が進み、ヘンリ八世の治世までには、イングランド王国にはカンタベリとヨークの大司教管区と、そのもとに前者には一四、後者には四の司教区が置かれることになった。なお、ヘンリ八世即位の時点でウェールズはイングランド王国には属していないが、ウェールズに置かれた四つの司教区はカンタベリ大司教管区に下属していた。

このようにヘンリ八世が即位した時点では、イングランドの教会は、西ヨーロッパ全体にまたがるカトリック世界の一部を構成しており、行政制度の面でも教皇を頂点とするカトリック教会のピラミッド型の階層構造に連なっていた。上記の通り南北二つの大司教管区のもとに一八の司教区があり、さらに司教区は大執事管区とそのもとにある地方執事管区に区分され、末端には教区教会が存在していた。イングランド全体に約八五〇〇ある教区教会はいわゆる町や村の教会のことで、人びとが日常的に宗教生活を送るのはこの教区教会であった。教区教会には聖務をつかさどる教区聖職者のほかに、教会堂の維持管理や教会会計などを担当する教区委員（多くの場合は二名で任期一年）などの俗人の教会役員がいた。このようなイングランド教会の行政機構は、宗教改革後もほぼまったく変わることなく引き継がれることになり、そのことがイングランド国教会の特色にもなるのである。

教区教会と教区聖職者はキリスト教の宗教儀礼をつかさどったが、それらの宗教儀礼は人びとの日常生活の中心でもあった。子どもが生まれると教会で洗礼が授けられ、一定の年令に達すると聖体拝領を受けることのできる資格を与える「堅信」が司教によっておこなわれた。もちろん結婚と埋葬も教区教会でおこなわれた。このように教区教会は人のライフサイクルの節目節目に常に関わったのである。人びとの一年を通した生活は諸聖人の祝祭日にいろどられ、教区教会はその祭りの場を提供した。また司教座の置かれた大聖堂は、そのシティ(司教座聖堂の所在する都市が「シティ」であり、それ以外の「タウン」と区別された)だけではなく地方全体の誇りでもあった。その他にイングランドにもヨーロッパ大陸から多くの修道会が入ってきており、宗教改革前夜には八〇〇以上の修道院が存在していた。アーサー王伝説と結び付けられて中世よりおおいに繁栄したサマセットシァのグラストンベリ修道院や、王室との関わりが深く、歴代国王の戴冠式の場として定着したウェストミンスター・アビィなどが有名である。

宗教改革前夜のイングランドの教会の状態については、大きく二つの見解があり、それぞれの見解はまったく正反対のイングランド宗教改革の見方を反映している。イングランド宗教改革についてのいわゆる修正主義論争である。まず、「下からの宗教改革」と呼ばれる見解によれば、イングランドの教会はドイツ語圏の教会と同じく、多くの腐敗が渦巻き、民衆の間にも体制教会への不満が存在していたとされる。たとえば、ヘンリ八世の治世前半である一五一四年に起こったリチャード・ハン事件では、富裕なロンドン商人であるリチャード・ハンが幼い息子の死に際して慣習となっていたわずかな埋葬料の支払いを教区教会に対して拒否したことを端緒に、ハンと教会当局との間の訴訟合戦に発展する。すなわち、教区司祭の側はハンの埋葬料徴収を求めてカンタベリ大司教座法廷に訴訟を起こしたのに対し、ハンは当初は名誉毀損で、さらには「教皇尊信罪」という一四世紀の古い法律を持ちだして、聖職者側を王座裁判所に訴えたのである。事件はロンドン司教の介入を招くまでに拡大し、王座裁判所での訴訟が継続中の最中にハンが異端の嫌疑で突然逮捕され、さらには獄中で変死するという都市ロンドンを揺るがす一大スキャンダルに発展する。いまなおハンの死の原因は定かではないが、教会当局はハンの死は良心の呵責による自殺であると発表し、他方、ロンドンの検死陪審はハンの自殺は物理的に不可能であるとの報告をまとめた。そこには聖俗の司法権の対立があっただけではなく、ハンの側にはロンドン市当局とロンドン市民の圧倒的な支持があり、この事件は広く反聖職者主義あるいは反体制宗教感情が社会に蔓延していた証拠とされている。また、そのような反体制宗教感情は、一四世紀に体制教会批判をおこなったジョン・ウィクリフの衣鉢を継ぐ異端ロラード派の影響のもとで理解される。このように民衆や社会全体のなかに体制教会への不満があったからこそ、ヘンリ八世の離婚問題を契機に成立するイングランド国教会は、そのような社会全体からの支持を受けたのであり、つまり下からの宗教改革が進行したというわけである。

他方、「下からの宗教改革」論への批判として登場した「上からの宗教改革」論（一般に修正主義と呼ばれる）は、宗教改革前夜の体制教会の健全性を強調する。一五世紀から一六世紀初頭は民衆信仰の高揚期であったことが指摘されており、人びとは巡礼や寄進行為を熱心におこなったとされる。またそれを受けとめる側の教会も、大陸の教会に比べれば、効率的かつ健全に運営されていた、つまり「教会の腐敗」は存在しなかったか、あるいはきわめて限定的だったというのである。たとえば、イングランドの司教は、大陸と違って大貴族の家系がその職を牛耳ることはほとんどなかったし、聖職者の独身制はヨーロッパのどの地域にもまさってイングランドではよく保たれていたといわれる。したがって、宗教改革とプロテスタント化は、それを望まなかった民衆世界に上から押し付けられていったということになる。

いまここで、この論争に判断を下すことはできない。要は何をもって宗教改革というかという問題をはらんでいるわけであるが、イングランド宗教改革をどのように定義するにせよ、少なくともイングランド国教会の成立を抜きに考えることはできない。次にこの問題を見ていこう。

2 イングランド国教会の成立

ヘンリ八世治世の前半、国政を牛耳ったのは枢機卿ウルジーであった。「イプスウィッチの肉屋のせがれ」から上り詰めた彼は、イングランドにおいてはヨーク大司教であるとともに宮廷の最高位である大法官の地位に就き、枢機卿にして教皇特使となって、教皇位をうかがうまでになる。まさにイングランドが普遍的キリスト教世界の一部であったことを具現する政治家であったといえよう。また、前述のハン事件がうやむやのうちに収束したのも、ウルジーの強固な政治体制の影響力が大きかった。他方、彼自身は教会改革の志を持った真摯な学究の徒であった側面がないわけではない。しかしいずれにせよ彼の絶大な権勢は、国王ヘンリ八世の結婚解消問題を処理できずに国王の寵を失ったときに崩壊した。一五二九年、大法官の地位はトマス・モアの手に移り、ヨーク大司教として事実上の蟄居となった彼は翌年反逆罪でロンドンに召喚される途上、レスター修道院で病死することによって処刑を免れることとなった。そしてその後の一連の宗教改革立法は、ウルジーに才を見出されて頭角を表したトマス・クロムウェルが取り仕切ることになるのである。

ヘンリ八世が王妃キャサリン・オブ・アラゴンとの結婚解消を思い立ったのは一五二〇年代半ばであると考えられている。すでにドイツで宗教改革の火の手があがっていたなか、教皇への忠義を尽くし、ルターに対する反駁の書物を自ら著して「信仰の擁護者」の称号を教皇から与えられていたヘンリは、自らの結婚解消の願いは教皇によってすぐに聞き届けられると考えていた。しかし、一五二七年五月の「ローマ掠奪」によって、キャサリンの甥にあたる神聖ローマ皇帝カール五世に首根っこを押さえられることになった教皇クレメンス七世にヘンリの願いを聞き届ける選択肢はなく、業を煮やしたヘンリは問題をウェストミンスターの議会に持ち込んだのである。

いわゆる宗教改革議会の詳細については第5章に譲ることにするが、ここでは議会に持ち込まれた結婚解消問題が一直線にカトリック教会との断絶、イングランド国教会の創設につながったわけではないことを指摘しておきたい。一五三二年に議会で成立した初収入税上納禁止法は、正式には

図7-1　カンタベリ大主教トマス・クランマー
出典：Loades, 1990, p.197.

初収入税上納仮禁止法という。すなわち同法の施行はその時点では留保されており、イングランドから教皇庁への資金流出を差し止める同法は、この段階では、ヘンリの結婚解消を認めない教皇へのいわば脅しであった。事態の展開を一気に早めたのは、愛人アン・ブリンの懐妊である。このままではせっかく生まれてくる子どもが非嫡出子となることを恐れたヘンリは、翌一五三三年三月、ヘンリの結婚解消に難色を示すカンタベリ大司教ウィリアム・ウォーラムの死去を受け、後任大司教にトマス・クランマーを据えて、五月にはクランマーの主催する法廷でヘンリとキャサリンの結婚無効を宣言させたのである。

クランマーはケンブリッジ大学でキャリアを積んだ学究の徒で、最初の妻と死別したあとに聖職者となった。その後国政に携わるようになり、外交交渉でドイツ滞在中にプロテスタントに回心したといわれる。とくにその時期にニュルンベルクの宗教改革者アンドレアス・オジアンダの妻の姪マーガレットと秘密裏に結婚したことが大きく、その後のイングランド国教会のプロテスタント化の中心人物となる。帰国後クランマーは、のちに終生の宿敵となるガードナーの後任としてトーントン大執事となるが、いまだ司教ですらなく、彼のカンタベリ大司教着任は異例の大抜擢であったといってよい。クランマーは体系的な神学書を著すといった活動がなかったため、いわゆる宗教改革者としてはきわめて知名度が低い。しかし大陸の宗教改革者との緊密なネットワークを駆使し、国教会最高位の聖職者として、とくにのちのエドワード六世の治世にイングランドのプロテスタント化を推し進めたのはまさに彼であったという点は強調しておきたい。

クランマーの法廷が最終的にヘンリとキャサリンの結婚無効の判決を下す根拠となったのは、すでに一五三三年二月に議会を通過していた上告禁止法であった。一般にイングランド国教会の成立は、国王至上法の制定された一五三四年とされるが、「このイングランド王国はエンパイアである」との有名な文言で国王以上のいかなる上位権者も認めないことをうたった上告禁止法は、事実上カトリック教会との断絶を明らかにしていたのである。

3　イングランド国教会の展開

成立したイングランド国教会が真っ先に取り組んだ事業は、修道院の解散であった。修道院と修道制については、すでにルターが信仰義認論の観点から、修道院の禁欲生活とその強調を神の意志に反するものとして非難しており、大陸の宗教改革においても修道院への批判と攻撃が噴出していた。ルターの思想に共鳴した地域では、修道士の還俗が「大流行」したのである。イングランド国教会は教皇権を否定したという点ではプロテスタント教会であったから、それまで「多くの特権に守られ腐敗した」修道院の取りつぶしに突き進んだのは当然であったともいえる。しかし実際には、修道院の取りつぶしはヘンリの治世前半にもウルジーのもとで散発的におこなわれており、大陸においても宗教改革とは無関係に特定の領邦君主のもとで修道院解散が進行していた。その目的が、民衆の寄進によってため込まれた莫大な修道院財産の収奪にあったことは間違いない。そもそも、イングランドで宗教改革議会の最後の会期に成立した小修道院解散法において、年収二〇〇ポンドで線を引き、それ以下の修道院は腐敗が激しいからこれを解散する、としたことには、常識的に考えてもほとんど論理的整合性はない。大修道院長の多くは司教たちと並んで議会上院である貴族院の議員でもあったから、まずは抵抗の少ないと考えられた小規模な修道院の解散が先に着手されたのである。しかし結局は、その後、小修道院解散法の対象を免れた大修道院でも自発的な解散が相次ぎ、これを追認する大修道院解散法が制定された一五三九年の翌年、最後のウォルサム修道院の解散をもって、約八〇〇あったイングランドの修道院はその命脈をすべて絶たれたのである。

ただし、建築物としての修道院のすべてが姿を消したわけではない。ヘンリ八世は一五四〇年から四二年にかけて六つの主教区を新たに創設したが（ただし、ウェストミンスター主教区は一五五〇年に廃止）、多くの場合、それら新設の主教区の主教座聖堂には解散修道院が転用された。また、売却されたもののなかには改修ののちに貴族の邸宅になったものもある（第8章のコラム参照）。しかし、カトリック教会の最初の修道院であるカンタベリの聖オーガスティン修道院や、前述のグラ

図7-2　解散された修道院の多くが廃墟となって残っている。上の図は、中世には最も繁栄した修道院の一つ、グラストンベリ修道院の廃墟

出典：Dugdale, 1846.

ストンベリ修道院など、多くの修道院が廃墟としてその姿を現代に残している。なお解散した修道院の土地財産については、王室増加収入裁判所という専門の部局が設置され、土地の譲渡や売却に関わる業務を担ったが、対フランス・スコットランド戦争の戦費などに苦しむヘンリ八世の政府は、その治世末年までに解散修道院領の約三分の二を売却した。それらの土地は多くの場合、新興のジェントリ層に購入され、いわゆる「ジェントリの勃興」の一因になったことはよく知られている。

さて、イングランド国教会は教皇権を否定したという意味ではプロテスタント教会であったが、一五三四年に成立した時点での国教会の内実は、教皇抜きのカトリック教会にすぎなかった。成立した国教会の行く末をめぐっては、宮廷と国教会内部にいわゆる改革派と保守派が形成され、ヘンリの治世中、激しい綱引きが繰り広げられることになる。改革派は国教会の内実をよりプロテスタント的なあり方に近づけていこうとすることを指向したので、彼らをプロテスタントと呼んで差し支えない。しかし保守派は、内心はともあれ、教皇権の否定には同意していたので、カトリックと呼んでしまうことができない点に注意が必要であろう。たとえば、のちのメアリ一世の治世にカンタベリ大司教となるレジナルド・プールなどは、この時点では大陸に亡命していたのである。

改革派にはヘンリの側近中の側近トマス・クロムウェルやカンタベリ大主教クランマー、保守派には王国筆頭の貴族である第三代ノーフォーク公トマス・ハワードや王国中最も富裕な主教座を占めるウィンチェスター主教スティーヴン・ガードナーといった人物の名前をあげることができるが、両者の攻防は一進一退を繰り返した。改革派の後援者でもあった王妃アン・ブリンがヘンリの寵愛を失って一五三六年に斬首されたのち、改革派は神聖ローマ帝国内のルター派諸侯の連合であるシュマルカルデン同盟との連携を熱心に模索した。他方、保守派は、カトリックの正統教義を確認する内容を持ち、のちにプロテスタントからは「六つの棘を持つ鞭」と忌み嫌われた六か条法の議会への上程を画策したのである。六か条法の成立は一五三九年、クロムウェルの推し進めたクレーフェ公の娘でシュマルカルデン同盟の盟主ザクセン選帝侯ヨハン・フリードリヒの妻シビーレの妹であるアンとヘンリ八世の結婚が成立したのは一五四〇年のことであった。このような改革派と保守派の綱引きに対するヘンリ自身の立場は、一言でいえばきわめて微妙なものであった。最後にこの問題を考えてみよう。

4　ヘンリ八世の信仰と国教会の行方

ヘンリは一般に終生保守的な信仰に留まったといわれている。たしかにヘンリは、かつてルターの宗教改革に強く反発し、自身とキャサリンの結婚が聖書に反するものであることへの恐れから信仰の悩みを抱いたこともおそらくは口実でなく、その意味では敬虔なカトリック教徒であった。事実、ヘンリの名のもとに一五三六年と三八年の二回にわたって出された国王宗教指令は、たとえばプロテスタントが偶像崇拝として厳しく批判した聖画像の扱いをめぐっても、のちのエドワード六世の国王宗教指令と比べてきわめて穏健である。そのためヘンリの治世末年まで、教区教会での民衆の宗教生活は従来とほとんど変わらなかったと考えられる。たしかに、修道院解散に際してはそれまで崇敬の対象とされてきた聖人や聖遺物が非難され、迷信として破壊されるといったことが起こっている。たとえば改革派のロチェスター主教ジョン・ヒルジは、一五三八年にそれまで崇められてきたグロスタのヘイルズ修道院のキリストの聖血が偽物であると告発し、ケントのボクスリ修道院の首や顔の一部を動かす奇跡がおこることで有名であったキリスト磔刑像が、実は機械仕掛けであったと暴露して、これを破壊した。しかしエドワード六世治世におこなわれたような、教区教会からの聖画像の組織的な撤去がおこなわれたわけではなく、やはりヘンリ治下の国教会は「教皇抜きのカトリック」であったと考えられる。前述の六か条はヘンリが死ぬまで国教会のありようを規定したが、その神学的内容は教皇権の存在を除けばほぼ伝統的なカトリックの正統教義を踏襲したものであった。

ただし、ヘンリ治世の最大のプロテスタント的改革としては、聖書の英訳が挙げられる。中世のカトリック教会においては、ラテン語聖書を各国語に翻訳することが異端視され、イングランドでも、初期の聖書翻訳者であるウィリアム・ティンダルは国教会成立後の一五三六年に火刑に処せられている。しかし、その後のヘンリ治世においてはプロテスタント的傾向の強いティンダル訳をマイルス・カヴァデールが改訂した聖書が出版され、前記の一五三八年の国王宗教指令では、クランマーが序文を付した『大聖書』の全教区教会への設置が命じられたのである。

また、シュマルカルデン同盟との連携については、それが一時的に和解して手を結んだカトリック両大国ハプスブルク朝とヴァロワ朝への対抗上必要である間は、ヘンリは連携の推進者であるクロムウェルの外交交渉を後押ししたが、ハプスブルクとヴァロワの協調関係が決裂して不要となるや、クレーヴのアンとの結婚をわずか半年で解消し、クロムウェルを異端と反逆のかどで断頭台に送り込んだ。この一五四〇年をもって、シュマルカルデン同盟との関係は完全に破綻することになる。しかし他方、シュマルカルデン同盟との交渉過程を子細に見ていくと、ヘンリの思惑が外交的な打算一辺倒ではなかったこともわかる。同盟との連携交渉の過程で、最終的にアウクスブルク信仰告白の受け入れを拒絶したのはヘンリであるが、アウクスブルク信仰告白の執筆者であるフィリップ・メランヒトンへの敬意を示し、彼との神学的な話し合いを望んで、訪英を強く求めたのもヘンリ自身であった。

また、クロムウェル失脚後の派閥抗争においても、ヘンリは全面的に保守派に肩入れしたわけではない。なによりも重要なことは、ヘンリにとって待望の男子後継者であり、三番目の王妃ジェイン・シーモアとの間に儲けた唯一の男児である王子エドワードの教育がプロテスタントのサークルに委ねられたことである。エドワードの教育にあたったのは、クランマー大主教に重んじられ、のちにオクスフォード大学の副総長となる改革派のリチャード・コックスや、ギリシア語学者のジョン・チーク、熱心なプロテスタントであったフランス人ジャン・ベルメインらであった。もちろんジェイン・シーモアの兄で、エドワード王子にとっては叔父にあたるエドワード・シーモア（後の摂政サマセット公）が熱心なプロテスタントであったことも王子の教育に影響を及ぼしたであろう。しかし、ヘンリの死後九歳で即位したエドワード六世は、幼いながらもプロテスタントからは旧約聖書時代の列王中最も敬虔な王になぞらえて「若きヨシヤ」と呼ばれ、カルヴァンとも手紙のやりとりをする少年王に成長し、わずか一五歳で死去するまでの間、その治世は急進的なプロテスタント改革が断行される時期となる。そのようなエドワードの教育環境は、少なくともヘンリの許容するところであった。人間の深奥にある信仰の内実そのものは最終的には不可知である。しかし、ヘンリの信仰の現れである宗教的態度は、その歴史的人物像と同じくゆらぎと矛盾に満ちていたといえよう。

（山本信太郎）

column

信仰の擁護者

ヘンリ八世は、一五二一年にローマ教皇レオ一〇世より「信仰の擁護者」の称号を受けている。これは、ヘンリが著したルターへの反駁の書物『七つの秘蹟を擁護する書』の功績が認められた結果であった。秘蹟とは教会において神の恩寵を目に見える形で儀式化したもので、カトリック教会は伝統的に七つの秘蹟として、洗礼、聖体、結婚、叙階、堅信、告解、終油を守ってきた。これに対し、ルターをはじめとするプロテスタントでは、洗礼と聖体（聖餐）以外を聖書に根拠を持たない迷信としたため、ヘンリの著作はそのようなルターの見解に反駁し、カトリックの正統教義を擁護するものであった。ローマ教皇から与えられた「信仰の擁護者」の称号は、ヘンリ自身が終世保持したのみならず、現在にいたるまで歴代のイギリス君主が正式な称号として受け継いでおり、宗教改革の展開を考えると皮肉な結果となったといえる。現在のイギリスの硬貨には、現女王であるエリザベス二世の横顔が刻印されているが、その回りにラテン語で書かれた女王の称号には、「信仰の擁護者（Fidei Denfensor）」の略号、F.D. も刻印されている。また一九九四年には、この称号を将来受け継ぐべきチャールズ皇太子が「私は［キリスト教だけの］信仰（the Faith）の擁護者ではなく、むしろ［諸］信仰（Faith（s））の擁護者となりたい」と発言して物議を醸したが、現在のイギリスの宗教的な多元状況を反映しているともいえよう。

（山本信太郎）

8

反乱

1 近世イングランドにおける反乱

ヘンリをはじめとするテューダー朝の国王たちは、中世まで各地域で半ば独立した権力を行使していた封建貴族の勢力を中央集権的に再編成しようとした。同時代における反乱とは、社会経済的な不満に起因する民衆の蜂起というだけではなく、こうしたイングランドの統合を進める王権の政策に対して、地方の不満が武力による実力行使の形で表明されたものであったともいえる。また依然としてキリスト教の影響力が強かったために、いかなる存在にも上位者と下位者が存在するように神がこの世界を秩序づけている、という「おおいなる存在の連関」理念も大きな役割を果たしていた。反乱のたびに作成された反徒の要求書は、政策推進者である廷臣たちを非難することはあれ、国王自身を批判することはなかったのである。したがってこうした状況においては、反乱が生じたとしても王国全土に拡大するほど大規模になる可能性はごく限られており、散発的で場当たり的な不満の表明に留まる場合がほとんどであった。

もっとも、反乱の規模と発生頻度はまったくの別問題である。テューダー期においては、主だったものだけでも「恩寵の巡礼」(一五三六〜一五三七年)、西部反乱(一五四九年)、ケットの反乱(一五四九年)、ワイアットの反乱(一五五三〜一五五四年)、北部反乱(一五六九〜一五七〇年)と騒擾が続発した。そしてこのなかでも最大の反乱のひとつとなったのが、ヘンリ治世に起こった「恩寵の巡礼」であった。本章では、「恩寵の巡礼」の経過と原因について概観し、ヘンリの統治への「異議申し立て」としての反乱の意味と影響について考えてみたい。

2 「恩寵の巡礼」の展開

まず「恩寵の巡礼」と総称される一連の事件の経過を見てみよう。一五三六年に小修道院解散法が成立し、修道院領の没収が始まるのに先立って、国王総代理となったトマス・クロムウェルの名のもとに全国の修道院・教会財産の調査が始まると、イングランド北部のリンカンシァでは、教会が取り壊されて教会の儀式や土地・財産の管理に王権が介入するのではないかという噂が広がり、住民の間に不安が高まっていた。こうしたなか、一〇月二日に同州内のラウスの町で巡察を実施しようとしたリンカン主教の登記官が、数名の町人に拘束されるという事件が発生する。翌日には、ケスタの町で開催される予定となっていた特別税委員会の開催が、約三〇〇〇人のラウス住民によって阻止され、暴動は拡大していく。さらに四日には、ジェントリに率いられた合計およそ一万人の群衆がリンカンへ行進を始めたのである。七日に反徒たちはリンカンへ到着し、国王へ宛てた要求声明文を起草している。この蜂起自体は、一〇日に即座の解散を命じる国王の返信が到着すると弱体化し、一一日には自発的に解散しているが、これ以降の反乱に先鞭を付けるものであった。

一方ヨークシァでは、クロムウェルの統治に不満を抱いていた法律家でリンカンシァ在住のジェントリであったロバート・アスクが、九月の末頃から民衆を扇動し始めていた。そして一〇月八日には、リンカンシァの蜂起を上回る人数がイースト・ライディングのベヴァリーに集結し始める。一〇日になると、アスクはウェスト・ライディングでの蜂起も指揮するようになり、他のジェントリたちも民衆の圧力を受けて、アスクに追随するようになる。一一日には、やはり法律家でジェントリであったロバート・ボーズが指導する反乱がノース・ライディングでも発生している。一三日にイースト・ライディングとマーシュランドの反徒は合流してヨークへ行進しているが、この際にアスクははじめて自分たちを「巡礼者」と称している。一六日には総勢一万人がヨークに入り、同市の市長に自分たちの要求声明文を手渡すと、市内の二つの修道院を復活させている。一八日にボーズと合流したアスクは、一九日に都市ハルを降伏させると、ポンテフラクト城に陣取った初代ダーシー男爵トマス・ダーシーに反乱へ参加するよう交渉を持ちかけている。これを受け入れたダーシー

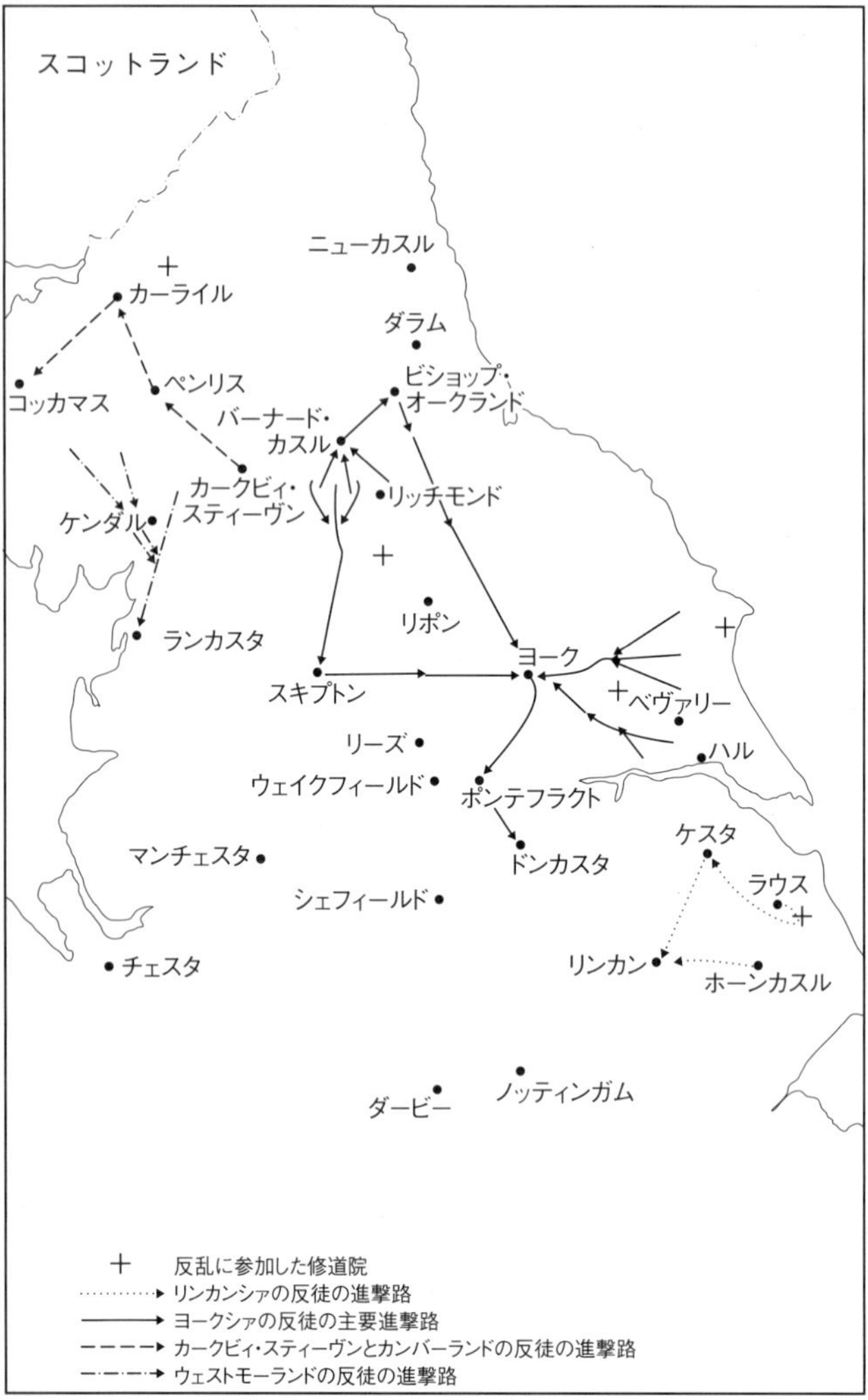

図 8-1　恩寵の巡礼関連地図

各州の反徒の進軍ルートを示している。

は、二一日にポンテフラクト城を明け渡し、反乱の指導者の地位に就いた。同時期に、カンバーランドとウェストモーランドでも蜂起が起こり、後者はランカシァ内を南進し、二八日にはランカスタへ入城している。そして一〇月末までには、各地の反乱軍の指導者たち九人が参集して一体的な組織が形成された。こうしてその勃発からわずか一か月の間に、ヨークシァを中心とするイングランド北部一体に反乱は拡大していった。

こうした事態に対して国王側もただ手をこまねいていたわけではないが、全般的に後手に回りがちであった。最初に発生したリンカンシァの反乱鎮圧のために国王は軍を召集していたものの、その規模を見誤って一九日までにこれを解散してしまっていた。初代サフォーク公チャールズ・ブランドンはリンカンシァの平定で手一杯であり、また第三代ノーフォーク公トマス・ハワードと第四代シュルズベリ伯ジョージ・タルボット率いる連合軍は意思の疎通がうまくいかず、トレント川で反乱軍の南進を阻止するという当初の作戦を遂行できなかった。結局、武力による鎮圧の見通しは立たず、ノーフォーク公は反徒との交渉で事態の打開をはからざるをえなくなった。これにアスクとダーシー男爵が同意して、二七日にドンカスタで会談がおこなわれた。そしてボーズほか一名が「巡礼者」の請願をウェストミンスターにいる国王のもとへ届け、彼らが帰還するまで休戦とするという協定が結ばれたのである。

その後は武力衝突が回避され、反乱軍主導部とノーフォーク公を仲介とした国王政府との間で折衝が続けられていくことになる。一一月二日にボーズらはウィンザーに到着し、ヘンリと面会して

図 8-2　キリストの五つの傷の記章
「恩寵の巡礼」の際に反徒によって携行された。
出典：Fletcher and MacClulloch, 1997, 表紙.

いる。約二週間後の一八日にボーズらはさらに交渉の機会を与えるというヘンリの返信を携えて反乱主導者たちのもとへ帰還するが、国王軍が北進を続けたり、ボーズらの帰還が当初の予定より遅れたりしたために、休戦協定に対する疑念が群衆の間に沸き起こった。だが二一日に反乱軍の会議がヨークで開催された際には、ボーズが反乱軍主導者たちにウィンザー訪問の様子を詳しく説明し、国王の誠実さと慈悲を保証したため、ノーフォーク公との和平交渉に入ることが決定されている。そして一二月六日にノーフォーク公が国王から受け取った書簡は、全般的な恩赦を認め、休戦を延長し、反徒たちの望む場所での議会開催を約束するというものであり、その内容はただちに反乱軍に伝えられている。

　これを受けてアスクと同伴者たちは国王に赦免を請い、ノーフォーク公もこれを認めて反徒たちの要求を審議するための「自由議会」の開催を約束した。翌七日にアスクは、ポンテフラクトで待機していた三〇〇〇人の民衆に和平協定が結ばれた旨を宣言するが、群衆は納得せず、アスクが説得をおこなっている。さらに八日には、ランカスタの伝達吏によって国王の赦免状が読み上げられ、群衆は解散し始めた。またドンカスタに集まったジェントリたちに対し、アスクは跪いて自分を首領と呼ばないよう懇請、ジェントリたちもアスクに同意し「巡礼」の象徴であった「キリストの五つの傷の記章」を破り捨てた。ここに反乱はいったん収束した。

だが国王側には、最初からこうした約束を履行する気は毛頭なく、逆に準備を整えて報復の機会をうかがっていた。こうした状況のなか、年が明けた一五三七年一月にイースト・ライディングでふたたび発生した反乱は、反徒処罰のための絶好の口実を国王に与えることとなった。二月にはノーフォーク公が北部辺境地域西部管区に軍法の適用を宣言し、反徒はカーライルやカンバーランドの村々で絞首刑となった。春になるとジェントリの主導者たちも次々と逮捕され、ロンドンへ連行されて裁判にかけられた。記録が残っているだけでも、総勢一七八名が処刑されている。ダーシー男爵は六月三〇日に、ロバート・アスクは七月一二日に処刑台の露と消えた。こうしてテューダー期最大規模の反乱は、最終的に国王側の全面的な勝利に終わったのである。

3 「恩寵の巡礼」の原因と意義

以上のような経過をたどった反乱を単純に解釈すれば、中央政府の宗教改革政策に対する、北部地域における不満の噴出であったように思える。後述するように、宗教的な問題がこの反乱におい依然として研究者の間で議論の的となっている。ここではごく簡単に論点を整理するに留めたい。問題の中心を大きく分ければ、第一に反乱の主体が誰であったのか、第二に反乱の動機はどこにあったのか、の二点に絞られる。順を追って簡潔にまとめてみよう。

反乱を主導したのは民衆であったのか、それとも貴族・ジェントリ層であったのかについての判断は、きわめて微妙な問題である。はじめて「恩寵の巡礼」についての浩瀚な通史を著したM・H・ドッズとR・ドッズは、ジェントリに率いられた宗教的運動とジェントリに対抗する民衆の社会的運動とを区別しようとした。だが、現在ではドッズの分類はそのままでは受け入れにくくなっている。というのも、M・L・ブッシュらの研究によって、貴族・ジェントリと民衆の間に亀裂が存在するのは確かだとしても、両者の関係はドッズの想定よりかなり複雑であることが判明したからである。そもそも、反乱に対する土着の貴族やジェントリの態度は一様ではなかった。同一の家系内においても、たとえばパーシー家のように、第六代ノーサンバランド伯である当主のヘンリが中立を保つ一方で、その弟のトマスやイングラムなど同家の他の人びとが即座に反乱に参加するといった事例が散見される。

また、彼らが反乱を支援していたとしても、自らの手で民衆の行動を鎮圧できなかったため、やむをえずそれを主導することで最低限の秩序を維持しようという究極の判断に基づいた行動であった場合も多かったのである。さらに鎮圧が可能な場合でも、中央政府に対する反感のために、あえて何の行動も起こさない「不作為の陰謀」と呼ばれる態度をとった貴族も見受けられる。他方で、このように貴族やジェントリの対応が大きく分かれ、常に彼らに対して不信感を抱いていたにもかかわらず、それでも民衆は社会的上位者に指導的な役割を期待し続けていたことが明らかになっている。冒頭にも述べたように、それはこの世界が貴族、庶民、聖職者からなる「位階社会」であり、そして各位階にはそれぞれ果たすべき役割がある、という規範が民衆の間に浸透していたためであった。したがって、反乱の主導権は、当初はヨーマン、熟練職人、下位の聖職者といった民衆の側にあり、彼らに押される形で貴族やジェントリが消極的な支援をおこなわざるをえなかった、というのが実態であったと思われる。

次に反乱の動機であるが、これについても一義的な説明を加えるのは困難である。特別税（サブシディ）、囲い込み、十分の一税など経済的な問題に対する抗議は各地で表明されており、これらが不満の一部を構成していたのは間違いない。しかしそれ以上に重要であったのは、やはり宗教的ないし社会的な問題であり、従来、恩寵の巡礼の第一の原因としては修道院解散が挙げられてきた。各地で作成された反徒たちの要求声明文を見ても、もちろん文書ごとに多様な内容が認められるが、共通の項目として挙げられるのは修道院の擁護である。反徒たちが積極的に修道院の復活を推し進めた点にもこうした関心は如実に示されているといえる。そこには、イングランドのいわゆる「宗教的南北問題」も潜んでいた。すでに見てきたように、恩寵の巡礼の主要な舞台はイングランドの北部地域であった。ヨークシァを中心とした北部一帯は王権の最も目の届きにくい場所であったばかりでなく、一般的に宗教的にも保守的であったとされ、独特の宗教状況が存在した。たとえば、北部においては南部と比較して教区教会はまばらであり、宗教儀礼を中心とした生活の紐帯として、修道院は南部よりもはるかに重い存在であった。修道院解散が恩寵の巡礼の引き金になったのは、そのような北部の宗教事情によるのであったともいえよう。

もっとも、アスク自身は、そのような修道院の重要性を認識しつつも、大修道院が近隣諸地域の社会生活に果たす役割と、キリスト教の崇高な理念を維持し人びとを啓蒙するという宗教的な役割をはっきりと区別していた。とはいえ、一般の民衆がこうした区分をおこなっていたとは考えにくく、彼らにとって重要であったのは、教区の生活が脅かされることに対する漠然とした恐怖であったと思われる。すなわち群衆の大部分は、自分たちの地域共同体や伝統的な儀式・行為・信仰といった生活様式を破壊すると感じられた国王ヘンリとクロムウェルの政策に対して抗議していたのである。先に挙げた要求声明文のなかでも、宗教改革を主導したカンタベリ大主教トマス・クランマーらを「異端司教」と呼び、彼の追放を主張している。改革派聖職者たちを「異端」と見なし、その追放を叫ぶ主張自体が、当該期の宗教改革と民衆の関係を見ていくうえで注目に値することがらであると考えられよう。

一方で、貴族やジェントリが積極的に反乱に参加した動機として、G・R・エルトンは中央の宮廷内部における派閥抗争を挙げている。ダーシー男爵ら反乱を主導した貴族は、一五三〇年から三五年にかけてヘンリが離婚しようとしていたキャサリン王妃を支持する「アラゴン派」に属しており、王の不興を買っていた。またアスクをはじめとして、北部の多数のジェントリたちもクロムウェルの政策に不満を抱いていた。反乱のすべての要因をこうした国政上の問題に還元しようとするエルトンの主張は受け入れがたいとしても、そのひとつの要素として、宮廷で寵愛を失った者たちによる絶望的な試みを見ることは可能であろう。以上のように、一五三六年の争乱においては、複数の異なった社会集団や関心が、さまざまな誘因から関係し合っていたのである。

最後に「恩寵の巡礼」の意義について、ごく簡単に述べておきたい。テューダー期の不成功に終わった反乱のなかで、「恩寵の巡礼」は王権にとってたしかに最も危険なものであった。だが、これまで見てきたように反徒たちは統一的な理念や目標を掲げていたわけではなく、貴族・ジェントリと民衆との間の溝は避けがたいものであったため、中央政府はこうした反乱の脆弱性を突くことができたのである。結局、一六世紀という時点で民衆蜂起が成功する可能性は、限りなく低かったといえるだろう。そしてこの反乱がもたらしたものは、中央政府によるさらなる統制の強化であった。反乱の鎮圧直後に、ヘンリは広大なパーシー家の所領を没収して国王領とし、北部地域の統治をつかさどる北部評議会を組織した。さらに、ノーフォーク公のような土着の貴族ではなく、中央から派遣された者たちに支配権を与えるなどして、旧来の封建勢力の打破をはかった。したがって、中央に対するさまざまな領域での反発から生じた反乱は、かえって王権によるイングランドの統合をいっそう加速させる結果になったのである。

（仲丸英起・山本信太郎）

column

修道院の呪い？

恩寵の巡礼の原因は本章で論じられている通りであるが、多くの反徒に修道院解散への強い不満があったことはほぼ間違いない。そのような不満は北部地域に限られていたわけではなく、また後世にも修道院解散への批判はあったようである。そのような不満・批判を示すものとして、売却された旧修道院がそのまま貴族の邸宅（カントリーハウス）となったうちのひとつ、ロンドン郊外のサイオン修道院について、次のような伝説がある。

ヘンリ八世が死去したのち、その棺はウィンザー城での埋葬のために馬車で移送され、途中サイオン・ハウスに一晩安置された。ところが朝になると棺が犬にひっくり返され、ヘンリの遺体を犬が舐めていた。人びとは修道院へのヘンリの処遇が神罰を招いたのだと噂した。また修道院解散の際に、ある修道士が、旧約聖書に登場する悪王アハブになぞらえて、ヘンリの死後その血が犬に舐められると予言していたという伝承もある。

サイオン・ハウスは現在、ノーサンバランド公爵家所有の公園の一部として運営されており、そのホームページにもこの逸話は載せられている。ただ、この逸話は一九世紀に書かれた修道院の歴史には登場するが、同時代の記録には見当たらないし、第13章で紹介するヘンリの遺体処置とも矛盾するので、後世の創作と思われる。それでも、修道院解散に対する後世の人びとの意識を反映した伝説とはいえるだろう。

（仲丸英起・山本信太郎）

III

ヘンリの対外政策はどのようなものであったのか？

9

戦争

1 戦士としての王・戦争の大義

一六世紀初頭のヨーロッパを特徴付けていたのは、戦争であったといってよかろう。ヘンリ八世、フランソワ一世ならびにカール五世のいずれもが、お互いに競合しており、そのために消費された時間と資金は、かつてないほど膨大なものとなった。また彼らのこうした軍事行動を精神的に支えていたのは、騎士道の理念であった。この理念の起源は十字軍の時代、さらに古代末期にまで遡ることができるといわれている。すなわち、国王は戦時・平時を問わず騎士社会の首領として、忠誠心、礼儀作法、強健さ、勇気、寛大さ、壮麗さを自ら体現することを期待されていたのである。

こうした騎士道の理念にかなった戦争のモデルは、一二世紀以降に書かれた騎士ロマンスや騎士道に関する論考のなかで、頻繁に提示されていた。そのうち最も有名なもののひとつは一三世紀後半に執筆されたレーモン・ルルの『騎士道の書』であり、のちにウィリアム・カクストンが英訳して出版したことで、イングランドにも普及することになった。一四二〇年には、ジョン・リドゲイトがグイド・デッレ・コロンネの騎士道に関する論考である『トロイの歴史、包囲、陥落』を英訳し、ヘンリ五世に献呈している。この本の献辞において、彼はヘンリ五世を古代の英雄に匹敵する君主として称賛している。彼によれば、国王の身に付けるべき最高の徳とは、戦争において軍功をあげ平時において公正なる統治をおこなうことであった。図9-1はヘンリ八世の国璽であるが、

（表）

（裏）

図9-1　ヘンリ8世の国璽

出典：Sandford, 1677, p.427.

国王の平時・戦時の役割を明確に示している。この本は一六世紀に入っても人気を博しており、リチャード・ピンソンが、ヘンリ八世による第一次フランス侵攻の開始に合わせて、新版を出版している。アジャンクールの戦いでフランスに大勝利したヘンリ五世こそ、若きヘンリ八世が理想の君主として崇めていた人物であり、彼がフランス侵攻において思い描いていたのは、国内外に自らの武勇を知らしめ、フランスに領土を拡張してヘンリ五世の再来と誉め称えられることであったのである。

一六世紀初頭のヨーロッパに勃発した戦争は、単に君主の野心や領土の拡張を目的におこなわれていたわけではなかった。つまり、君主が戦争をおこなう際にはその大義が必要であったのであり、彼らは、なかでも自分たちの信仰と王国の財産の防衛のために戦うことが最も重要な大義だと信じて疑わなかった。

まず信仰の擁護についてであるが、ヘンリ八世の場合、彼はルターの宗教改革を批判した功で一五二一年に教皇レオ一〇世から「信仰の擁護者」の称号を賜り、これを国王称号として用いるようになった。一五三四年の宗教改革以降に、彼は議会制定法により、この称号に加えて新たに「国教会の地上における至上の長（スプリーム・ヘッド）」の称号を得ることになった。一方、王国の財産の防衛という点に関してみると、彼が三次にわたる対仏戦争を起こした際の最も重要な大義は、彼がフランス王位の継承権を持っているということであり、個別にはアンジュー家の相続財産であるノルマンディ、ギュイエンヌ、ガスコーニュ、アンジューの領有権を要求していた。こうした主張は、一五〇九年六月にヘンリの即位を祝っておこなわれたロンドン市への入市式において目に見える形で表明されている。すなわち、国王の前を行進する九人の若き騎士たちの陣羽織の上の紋章にそれが明確に表象されていたのである。さらに彼は一五四一年以降には、アイルランド王を名乗ることになる。こうしてヘンリ八世の正式な国王称号は「神の加護により、イングランド、フランス、アイルランドの王、信仰の擁護者、イングランド教会およびアイルランド教会の地上における至上の長」となり、それを守護することこそが、ヘンリにとって戦争の重要な大義となったのである。

2 対仏・スコットランド戦争

ヘンリ八世時代におこなわれた対外戦争は、巻末の年表にも明らかなように三次にわたるフランス侵攻、またそれと密接に連動していたスコットランドとの攻防戦を中心に展開していた。そこで両国との戦争の経緯について、その要点をまとめておこう。

ヘンリ八世の最初の本格的戦争は、フランス王位の要求という戦争の大義のもとにおこなわれた。一五一三年にヘンリは神聖同盟にもとづき、アラゴン王国のフェルナンド二世ならびに神聖ローマ帝国のマクシミリアン一世の軍隊と連携しながらフランスを攻撃することになった。同年六月に彼は三〇〇〇騎の騎兵と約一万五〇〇〇名の歩兵を自ら率いて北フランスへ侵攻し、同年八月には「拍車の戦い」と呼ばれる戦いに勝利してテルアンヌとトゥルネーを占領したのである。このようにイングランドがフランスと戦っている間に、背後からスコットランドが国境を越えて攻め込んでくることは、古くからのパターンであり、スコットランド王ジェイムズ四世も、その予想を裏切らなかった。彼はフランスとの「古い同盟」に基づき、一五一三年夏にイングランドに侵攻したが、同年九月にスコットランド軍は大敗をきし、ジェイムズ自身も命を落としてしまう。この戦争を通じて、フランス、スコットランドに勝利したことで、ヘンリの名声は国際的に一気に高まることになったのである。その後、英仏両国の間で和平交渉がおこなわれ、一五一八年にロンドン条約が締結されることになるが、その立役者はウルジーであった。この条約に基づき、トゥルネーは六〇万クラウン貨でフランスへ売却され、またヘンリに対して毎年フランス側が年金を支払うことが確認された。さらにウルジーは教皇レオ一〇世のオスマン＝トルコに対する国際的十字軍の編成の呼びかけに倣いながら、スペイン、ローマ教皇、神聖ローマ帝国をこの和平条約に加盟させ、ヨーロッパの主要国間の「普遍的平和」のお膳立てをおこなったのである。

ヘンリはその後の三〇年間、自ら軍隊を率いてフランスへ侵攻することはなかったが、一五二三年九月にサフォーク公が、イングランド軍とブルゴーニュの傭兵隊からなる一万名の軍隊を率いてピカルディを攻撃した。というのも、一五二一年にフランソワが密かにルクセンブルクとナヴァールに対して攻撃準備をおこなっていることが発覚したからであり、ロンドン条約に違反したことによる報復措置としての意味合いがあった。

その後一五二五年にモア条約、一五二七年にウェストミンスター条約が締結され、ヘンリはフランソワ一世とふたたび同盟を結ぶことになった。ただし、今回の同盟の目的は、普遍的な平和を目指したものではなく、カール五世への政治的・軍事的依存から脱することにあった。それにより、フランソワはヘンリに対して二〇〇万クラウン貨を年一〇万ポンドの分割払いで毎年支払うこと、また教皇からヘンリとキャサリンの結婚を無効とする特免を得ることの後押しを約したのである。

しかしながら、またもやフランソワが年金の支払いを一方的に放棄し、両国の協定を破ったため、ヘンリはその報復としてふたたびフランス侵攻を決意する。すでに病に冒されていたヘンリにとって、これが最後の大陸遠征となった。一五四三年二月にヘンリはカール五世と秘密裏に軍事同盟を結び、六月六日にカレーに上陸して、またたくまにブローニュを包囲・占領してしまった。しかしながら、驚くべきことに、カールは同年一二月にフランスとクレピーの和約を結ぶのであり、それを知ったヘンリが怒るのも当然のことであった。それにより形勢は一気に逆転し、一五四五年にフランソワは、ブローニュを包囲するイングランド軍の補給路を断ち、ポーツマスを占領するために艦隊を派遣し、同年八月にショーラム沖で海戦が起こった。しかしながら、英仏双方の艦隊に病気が蔓延したため、フランス軍はル・アーブルに撤退してしまう。それから間もなくして和平交渉がおこなわれ、一五四六年六月にアルドルの和約が結ばれ、フランソワは、八年間で二〇〇万クラウン貨を支払うことで、ブローニュを買い取ることになったのである。

一方、スコットランドに対して、ヘンリは一五一三年にジェイムズ四世が戦死してから三〇年あまりの間、スコットランドの政治に干渉し続けた。というのも、ジェイムズの未亡人、マーガレットはヘンリの姉であったからであり、ヘンリは彼女の息子がスコットランドに対する彼の宗主権を認めてくれることを期待していた。しかしながら、ジェイムズ五世が成人すると、彼はイングランドの叔父に対してまったく敬意を払わずに非難や侮辱を繰り返し、それどころか一五三八年にギーズ公家のマリーを王妃に迎え入れてフランスとの同盟関係を強化したのである。その報復として一五四二年夏にヘンリがイングランド軍をスコットランド領内に侵攻させると、ジェイムズは同年一一月にソルウェイ・モスにおいて反撃に出るが敗北をきし、彼はそのショックもあってか、翌月に亡くなってしまう。そこでヘンリは、ジェイムズ五世の娘であり幼くして女王となったメアリと彼の息子エドワードを結婚させることで、スコットランドに対する政治的影響力を強化しようとしたが、かえって相手側の反発を買ってしまい実現にいたらなかった。その後ヘンリは一五四四・四五年に数度にわたりスコットランドへ侵攻するが、最終的に目立った成果をあげることはできなかった。

3 戦時財政運営

一五三〇～一五四〇年代にイングランド国家財政の規模が飛躍的に増大し、それにともない財政機構の拡大、再編がおこなわれているが、かつてこのような過程は「テューダー行政革命」と呼ばれるほど注目されてきた。この時期に国家財政運営の抜本的な改革がおこなわれた最大の要因は、戦時財政運営という緊急課題へ対処することにあった。対仏、スコットランド戦争、アイルランドの反乱の鎮圧、宗教改革以降はそれにカトリック諸国の脅威が加わり、さらに重火器の導入や海軍の増強といったいわゆる「軍事革命」などが軍事費を急増させ、国家財政を圧迫していたのである。R・ホイルの算定によると、一五四二～一五四七年の対仏戦費は、城砦建築費を差し引いても約一六〇万ポンドに達しており、この額は一五二二～一五二四年のそれの約四倍に相当していた。そのために、国内の富を総動員して戦争に投入するために、あらゆる方策が試みられることになったのである。

まず、一五二〇年代に議会による承認を必要とする臨時税に新たなシステムが導入されている。すなわち、それまでの一五分の一・十分の一税は、一三三四年以降に固定税率により都市や農村に対して税額が割り当てられていたが、その後の社会経済的な変化にもかかわらず、割当額の見直しがおこなわれなかったため、税収額はほぼ一定しており、現状に対応しなくなっていた。そこで、ウルジーは、個人の資産価値の直接査定に基づく一種の累進課税である「特別税（サブシディ）」を導入した。こうして、議会課税は割当税と直接査定税が併用されることになったのである。一方、議会の承認を必要としない国王大権に基づく強制借入金、さらに献金などの方策も頻繁に用いられたが、その実態は課税にほかならなかった。

しかしながら、こうした課税収入だけでは、膨大な軍事費を賄うのにまったく不足していることは明らかであった。そこで、クロムウェルは、それまで手つかずの状態であった教会財産の国庫への編入を断行した。まず一五三四年には聖職者の初年度収益ならびに十分の一税を教会から切り離し、国家財政収入のなかに編入した。さらに修道院を解散して旧修道院領を王領地に組み込んだが、のちにそれらは次々と売却されて戦費の支払いに充てられることになった。直接税や王領地売却よりも軍資金の捻出にさらに重要な貢献をなしたのは、貨幣の改鋳、いわゆる「大悪鋳」であり、その収益額は一六世紀半ばの戦費三五〇万ポンドのほぼ半分に匹敵した。しかしながら、ポンドの貨幣価値の切り下げによって、国内のインフレーション、ポンドの国際的価値の急落、主要輸出品であった毛織物の輸出の不振など支払った代償もそれ以上に大きかった。

ヘンリ八世時代の最大の対外戦争は、三度にわたる対仏・スコットランド戦争であったが、なかでも最後の一五四二〜一五四五年におこなわれた戦争は、その戦費の規模において他を圧倒していた。そこで、この時期の戦時財政運営について、より具体的に検討しながら、その特質について考えてみよう。

一五四二年以降、イングランドはフランスやスコットランドと何度も戦火を交え、一五五一年に和平が成立するまで、まさに戦時体制下にあった。この間の戦費としてわかっているものだけでも、ヘンリ八世時代に二一〇万ポンド、エドワード六世時代に一四〇万ポンドが戦費として支払われており、合わせて三五〇万ポンドに達していた。

当然のことながら、これらの戦費を王領地収入や関税収入などの経常収入だけでは賄うことはできず、各種の非経常収入による補填がおこなわれた。この時期の課税収入を整理すると表9-1の

表 9-1　1543～1552 年の各種課税収入　（単位：ポンド）

① 特別税（1543, 1545）	408, 642
② 15 分 1 税（1545）	59, 000
③ 援助金（1549, 1550, 1551, 1552）	191, 052
④ 特別税（1543, 1545, 1548）	126, 000
⑤ 借入金（1542, 1544）	125, 159
⑥ 献金（1545）	119, 581
⑦ 献金（1546）	*
⑧ エドワード 6 世時代に徴収されたヘンリ 8 世時代の滞納金	8, 420
総計	1, 037, 854

出典：井内、2006 年、327 頁。
注 1：①は俗人への課税、④は聖職者への課税。
注 2：* は資料が存在していないために不明。
注 3：カッコ内は徴収された年を示す。

ようになる。議会の承認を必要とした俗人課税（①〜③）、聖職者課税（④）のみならず、議会の承認を必要としない国王大権に基づく借入金（⑤）、さらに献金という形をとる⑥、⑦などがあったが、その内実は課税にほかならなかった。この時期のイングランド臣民は、議会課税、国王大権に基づく課税が併用される形でほぼ毎年なんらかの課税をされており、額面だけからすると一四世紀以降で最も重い課税負担を強いられていたのである。

しかしながら、課税収入だけでは、単純に見積もっても戦費の三分の一を賄ったにすぎなかった。そのため王室増加収入裁判所を通じて約九〇万ポンドの王領地が売却され、一五四五年だけでも、その支払額は一六万五四五九ポンドに達している。もっとも、戦費への貢献度の点で注目されるのは、一五四四年から一五五一年までおこなわれた貨幣の大悪鋳であり、その収益は一二七万ポンドにものぼったといわれている。しかしながら、これらのすべての収入が戦費の支払いに回されたとしても、まだ一五万ポンド、実際にはそれ以上の不足であったことは間違いなく、おそらく国内外の商人たちからの借り入れなどの方法でもって埋め合わされたものと考えられる。

4 プリヴィ・チェインバーと国王金庫

ヘンリ八世時代の国家財政運営の特徴とは、まず戦争遂行のための軍資金の徴収と戦費の支払いに関わるものであったが、その際にプリヴィ・チェインバーの管理下にあった「国王金庫」が重要な役割を果たしていた（本書、第2章、図2-1）。国王金庫とは、国王の宮殿内に配置された国王の個人的な、したがって非公式な金庫のことであり、そのなかには現金などの貴重品が保管されていた。テューダー朝前期にそれを管理していたのは、国王自身がおこなう場合を除くと、おもに国王の信頼が厚かった宮内次官補をはじめとするプリヴィ・チェインバーの職員たちであった。国王金庫の存在は、少なくとも一五世紀にはチェインバー内部に確認できる。当初この金庫は、おもに戦争などの非常時の支出に備えるための金庫であり、軍資金の保管場所としての性格が強かった。このような国王金庫の性格はヘンリ八世時代初期まで変わることはなく、国王金庫とプリヴィ・チェインバーとの間に特別な関係は認められなかった。ところが一五二九年にウルジーが失脚した直後から国王金庫の性格に大きな変化が生じ、国家財政にも深く関わっていくことになる。離婚交渉に失敗したウルジーに対するヘンリの怒りは、彼の政治生命を絶つだけにとどまらず、彼の所有したホワイトホールならびに同宮殿内の財産をも没収してしまうほど激しいものであった。ヘンリはホワイトホールの管理をウルジー時代に引き続いてT・アルヴァードに任せたが、彼の管理した同宮殿内の国王金庫には、その莫大な財産に加えて、英仏協定に基づきフランスから支払われた年金も保管されるようになった。

クロムウェルも自らの政治活動にとっての国王金庫の有用性を認め、これを積極的に用いていくことになる。一五三六年以降には、いわゆる修道院解散にともなう巨額の臨時収入が政府のもとへ入ってくるが、それにともない国王金庫の規模もさらに大きくなっていった。すなわち修道院から没収された所領を専門的に扱った王室増加収入裁判所は、一五三六〜一五四七年にかけて一七万八〇〇〇ポンド（その間の全支払額の一九・五パーセント）を国王金庫へ送金している。さらに、この頃までに当時の主要財政部局は、そのいずれもが、毎年、国王金庫に対して送金をおこなうようになっていた。たとえば財宝部は一五三八〜一五四〇年にかけて二万八五五三ポンド、初年度収益・十分の一税裁判所が一五三四〜一五四〇年にかけて五万九一三九ポンド、財務府も同局の余剰金（年平均三〇〇〇〜四〇〇〇ポンド）を送金している。さらに非経常収入として一五四〇〜一五四五年にかけて議会課税収入のうち九万六〇〇〇ポンド（全課税収入額の三六・七パーセント）が送金されている。したがって一五三〇年代後半以降の約一〇年間のうちに、国王金庫へ約三九万ポンドが送金されたことになる。そのうちのかなりの部分が、当時アルヴァードの後任としてホワイトホールの国王金庫を管理しており、またプリヴィ・チェインバーの近習長の職にあり、のちに宮内次官補を兼任することになるA・ディニーへ送金されていた。近年の研究によれば、ディニーの受領金は、一五四二〜一五四七年にかけておこなわれたスコットランド遠征用の軍事費などの非経常費の支払いに充てられていたと考えられている。

以上のことから、ヘンリ八世時代に国王金庫がプリヴィ・チェインバーの管轄下に入り、戦時財政運営に深く関わっていたといってよいであろう。しかしながら、それにしても、このような国王金庫の規模の急激な膨張ぶりは、いったい何を意味しているのだろうか。たとえば一五三七年に作成された「財務行政に関する覚書」と題された史料が、その理由の一端を明らかにしてくれる。この覚書のなかで、財務府、チェインバー、王室増加収入裁判所をはじめとする新・旧すべての主要財政部局は、年次会計報告書を作成し、経常収支の状況ならびにその年度の余剰金について政府へ会計報告することを求められている。その目的のひとつは国家財政の状況について正確な情報を入手し、次第に肥大化し拡散しつつあった財政部局に対する中央統制を再強化することであった。第二に、政府がその情報をもとに、各財政部局へ支払い令状を発行し、余剰金を国王金庫へ送金することを求めることにあった。一五三〇年代末から四〇年代にかけての対仏・スコットランド戦争、インフレーションによる物価の高騰によって、国家財政の状態は悪化の一途をたどっていた。つまりそうした危機打開のための政府の方策とは、国家財政機構内部のすべての遊休資金を国王金庫へ半ば強制的に集金し、非常事態にいつでも対応できる状態を整えておくことにあった。もうひとつ注目すべき点は、国王金庫がプリヴィ・チェインバーの管轄下に入ったことである。それによって他の財政部局の煩雑な行政上の手続きを回避し、国王の私的金庫としての性格、すなわちその非公式性・融通性・迅速性が最大限に生かされる形で、国王金庫は国家財政運営の中核に据えられることになったのである。

5 戦争と国家

一五二〇～一五四〇年代の対仏・スコットランド戦争はいかなる戦争の大義があったにせよ、ヘンリが期待したような目覚ましい成果を挙げることなく終わってしまった。しかしながら、その間の戦費の規模は、政府の当初の予想をはるかに上回るほど膨大なものとなり、もはや従来のように臨時の議会課税収入だけで賄いきれるものではなく、国内外からの借入、貨幣の大悪鋳、王領地の売却という非常手段に頼らざるをえなくなったのである。その結果、ヘンリは債務返済、インフレーション、ポンドの国際的価値の下落、国王の基本財産の減少といった重い財政的課題の解決を、彼の子どもたちに委ねることになったのである。

一六世紀ヨーロッパの主要国の国家財政の状態について比較してみると、これまで指摘されてきたような相互の相違点よりも、むしろ多くの類似点が認められることが注目されるようになってきた。当時のヨーロッパの主要国は、イタリア戦争、英仏戦争、宗教戦争、神聖ローマ帝国とオスマン帝国の戦争に象徴されるように、国内外の戦争とそれにともなう軍事費の増大に苦しんでいた。

そのため、課税収入をはじめとして国家財政収入の規模の拡大をはかることは、イングランドに限らず、一六世紀ヨーロッパの主要国の全般的傾向となったのである。そこで各国の国家財政収入の年平均額について、いくつかの事例を提示してみよう。イングランドは、五万二〇〇〇ポンド(一四八五〜一四九〇年)から三八万二〇〇〇ポンド(一五九八〜一六〇〇年)、また一六世紀半ばにイングランドの交戦国であったフランスも三四六万リーブル(一五〇〇年頃)から二〇三〇万リーヴル(一六〇八年)に増加している。世に名高い無敵艦隊アルマダで海洋を支配し、一六世紀末にイングランドに軍事的脅威を与えたスペイン王国の場合も、一五〇万ダカット(一五〇七〜一五〇八年)から一三〇〇万ダカット(一五九八年)に増加している。一方、イタリア戦争以来、常に外敵による侵略の脅威にさらされてきたイタリアの都市国家についても、ナポリ王国は四三万八八四五ダカット(一五〇七〜一五〇八年)から二五〇万ダカット(一五九五年)、ヴェネツィア共和国は一一五万ダカット(一五〇〇年)から二四五万ダカット、教皇領はローマにおける収入だけで一一万八〇〇〇ダカット(一六世紀初頭)から四〇万八〇〇〇ダカット(一六世紀末)に増加している。神聖ローマ帝国も南東部国境域においてオスマン帝国の軍事的脅威に苦しんでいた。そのため帝国税の徴収額が激増していくことになり、総額にして四三〇万フロリン(一五二一〜一五五六年)から二三三〇万フロリンに増加した。単純には比較できないものの、一六世紀ヨーロッパにおける国家財政収入は全般的に増加傾向にあったことは、十分に読み取れる。

こうした膨大な戦費は、もはや王領地や封建的付帯収入(後見権や婚姻権など)のような、いわゆる国王や君主の直轄収入だけでは賄いきれるものではなく、議会課税収入やそれを担保とする公債への依存度が急速に高まっていった。そのため各国の政府は課税収入を増加させるために、国内の直・間接税の課税対象範囲を拡大したり、徴税機構を拡充することを余儀なくされ、結果的に中央集権的な傾向を強めていったのである。

（井内太郎）

10

外交

1　ヘンリ八世時代のヨーロッパ

ヘンリ八世の時代は、教皇や皇帝中心の中世の世界から近代的な主権国家が形成されていく過渡期にあった。そのきっかけになったのがイタリア戦争である。一四九四年フランス王シャルル八世がイタリアを侵略すると、オーストリアをはじめとするハプスブルク家とフランスのヴァロア家との対立が始まった。他のヨーロッパ諸国はそのなかでいかに自立し、力を伸ばしていくかを考えざるをえなくなった。そしてこのイタリア戦争のなかで近代的外交が誕生し、勢力均衡の考えに立って同盟関係を築こうとする国際政治が展開されるようになったのである。

都市国家や教皇権力がひしめくイタリアでは、すでに一五世紀に、平和はただ力の均衡と外交手

図 10-1　カール５世

出典：ロバーツ、2003 年、120 頁。

図 10-2　フランソワ１世

出典：ロバーツ、2003 年、123 頁。

段によってしか達成されないと考えられていた。このイタリアで、自国の大使を他国に常駐させる在外使節制度がまず生まれた。イタリア以外でいち早くこの制度を採用したのはアラゴンのフェルナンド二世であった。他の君主たちもこれにならっていくようになる。

従来の特使派遣から駐在大使へと重点が移っていったのは、第一にできるだけ他国の情報を収集する必要があったこと、第二に多くの随員をともなう特使派遣より経費も節約でき、さらには交通や通信に非常に時間がかかった当時、国家間の関係調整や条約締結には駐在大使の仲介が欠かせなかったからである。こうして一六世紀のヨーロッパでは、イタリア戦争をきっかけとして、諸国は主権国家体制を固めるとともに国際的外交関係が形成され、文書による外交行政や使節団の駐在のルールが形成されるようになった。

ヘンリ八世が王位を継承した一六世紀はじめ、西ヨーロッパで覇権を握っていたのはフランスであった。しかしブルゴーニュ公が、一五一六年に相続によりスペイン王カルロス一世となり、一五一九年には神聖ローマ皇帝カール五世になると、このカールの帝国とフランスの覇権争いがヨーロッパの国際政治を左右するようになる。

イングランドのような中小国にとってなによりも優先されたことは、ヨーロッパの二大勢力の抗争の時期、変化しやすく予想もつかないヨーロッパ外交の流れのなかで生き残ることであった。

ヘンリ八世は皇帝やフランス王と数度同盟を結んだが、これらの同盟は長く続くものではなかった。二つの強大国と隣接していたイングランドは、そのときどきの状況に応じて同盟相手を変えたからである。相手が頼りにならないと知るやイングランドはどちらをも選択できるのだということを公に示して、両者との提携を行き来する。イングランドにとって最悪の事態は、皇帝とフランソワ一世とが手を結び、イングランドが孤立することであった。

2　三つの外交問題

ヘンリ八世期の外交は主として以下の三問題に大別される。（1）イタリアの覇権に関わる外交、（2）王妃キャサリンとの離婚問題、（3）対仏戦である。

（1）イタリアの覇権に関わる外交（一五〇九年から一五二九年まで）

ヘンリ八世は、即位後ヨーロッパの君主として名を挙げたいという野心に駆られ、まず一五一三年に対仏戦を開始した。義父アラゴンのフェルナンド二世や神聖ローマ皇帝マクシミリアン一世と同盟を結び、トゥルネーやテルアンヌを占領した。そののちウルジー枢機卿の外交政策によりフランスと和を結び、ヘンリの妹メアリはルイ一二世と結婚した。イングランドの外交はウルジーに任されるようになった。ヴェネツィア大使は「この枢機卿こそ王と王国を支配している人物である」と本国に報告している。実際当時、皇帝やフランソワ一世からイングランドへの手紙は「ヘンリ八世宛て」と同時に「ウルジー宛て」になっていることが多い。

ウルジーは一五一八年、皇帝やフランソワ一世を含む二〇名ほどの君主にトルコに対するキリスト教世界の同盟を呼びかけ、同年一〇月にイングランドの仲介によるロンドン条約を成立させた。以下のように一五二〇年代はイングランドが外交の策略をめぐらせた時期であった。

図 10–3　マクシミリアン１世とヘンリ８世
出典：Starkey and Doran, 2009, p.72.

図 10-4　金襴の野への出航

出典：Lockhart, 1993, pp.10-11.

図10–5　金襴の野
出典：Lockhart, 1993, pp.4–5.

まず、一五二〇年六月七日から六月二四日までヘンリ八世とフランソワ一世は、フランスにあるイングランド統治下のギネスとフランスのアルドルの間にある「金襴の野」で会見を持った。この会見は両王が豪奢を競い合ったものとして知られる。金襴の布で覆われた豪華な数百のテント、パヴィリオンや広間のほか輸送用の帆船がこのために作られた。五〇人ほどのジェントルマンはじめ、行進した三〇〇〇人の兵士や馬にいたるまで真紅のベルベットや金具で立派に飾られた。トランペットが鳴り響くと、金色の衣できらびやかに着飾り、首には金の鎖を付けてお互い見えるところで待機していた二人の王は帽子を手にし、馬を駆り、馬の背で三回抱き合った。そのあと、王たちは供をひとりだけ連れてパヴィリオンに入り、会見を持った。また王や側近たちは祝祭・馬上槍試合・格闘技をし、ミサや晩餐会で締めくくった。これはロンドン条約で結実した二人の王の友情を示すものであったが、他方で、ヘンリ八世とウルジーはこの会見の直前と直後に皇帝カール五世と会ったことが記録に残されている。

一五二一年、フランソワ一世のスペイン領侵入を機に戦争が開始されると、ウルジーは皇帝と秘密条約を結び、一五二三年にはヘンリ八世はフランス侵略をおこなう。一五二六年、皇帝とフランソワ一世はマドリード条約を結び、フランソワはミラノを皇帝に譲った。これはフランソワにとって屈辱的な条約であった。この戦争が皇帝側に有利に終わると、ウルジーはそれまでの政策を一転し、皇帝を牽制するためフランスやイタリア諸国とコニャック同盟を形成した。一五二八年一月にはイングランドとフランスは皇帝に宣戦布告する。だが翌年一五二九年八月、皇帝とフランソワ一世はイングランドを無視してカンブレの和約（別名、貴婦人の和約）を結んでしまう。

（2） 王妃キャサリンとの離婚問題に関する外交（一五二七年から一五三三年まで）

ヘンリ八世は一五二七年、皇帝の叔母である王妃キャサリンとの離婚問題の解決を進めていた。ヘンリはローマ在住の大使を通して教皇クレメンス七世に自分の離婚を認めるように積極的に働きかけた。しかしイングランド側の言い分は認められず、離婚問題交渉の責任を担っていたウルジーは一五二九年一〇月失脚する。

ウルジーにかわってヘンリ自身が離婚問題交渉を始めた頃、ヘンリは皇帝を味方につけようと必死になっていたようだ。イングランドに派遣された皇帝大使は、ヘンリから離婚に関する皇帝の同意を得るように頼まれる。キャサリンの甥である皇帝に頼むとはいささか不思議な気がしないでもない。しかしヘンリはノーフォーク公（王の首席顧問官）を通じて「離婚に賛成してくれたら皇帝にすべてを与えてもよい。皇帝の奴隷になってもよい」と伝えるほどであった。ヘンリは一五三〇年一月皇帝のボローニャでの戴冠式に特使を派遣した。この時派遣した特使たちのボローニャ到着が遅れていることに気を揉み、いらだっていたが、史料によれば、大使たちが皇帝にあたたかく歓迎され、和平が宣言されたというニュースがイングランドに伝えられると、ヘンリは非常に喜んだとある。

しかし期待とは逆に皇帝が、ヘンリの離婚を阻止するよう教皇に強く働きかけると、ヘンリと皇帝や教皇との関係は悪化する一方となった。ヘンリはフランソワ一世に接近し始め、フランソワはヘンリのために教皇に働きかけた。しかし一五三三年三月イングランドで、教皇へ直接上告することを禁じる「上告禁止法」が議会を通過し、六月にアン・ブリンが王妃になると、教皇はついに七月一一日ヘンリに対し破門を言い渡し、キャサリンとの離婚もアンとの結婚も無効であると宣言した。同年九月、ヘンリはローマからイングランド大使を召還し、ローマとの外交関係を絶った。

(3) 対仏戦に関する外交(一五三六年から一五四六年まで)

キャサリンが死に、アン・ブリンが処刑された一五三六年からはイングランド側と皇帝との関係改善の道が開かれた。一五三六年五月、フランチェスコ・スフォルツァ二世の死後ミラノの継承権を主張してイタリアに侵攻したフランソワに皇帝は戦いを挑んだ。ヘンリの宰相トマス・クロムウェルは皇帝大使に接近し、皇帝大使に皇帝との同盟に関心があると語った。しかし結局、ヘンリは皇帝とフランソワ双方の同盟条件に同意せず、中立の立場に留まった。一五三八年六月教皇の仲介により、皇帝とフランソワとの間でニースの休戦協定が結ばれ、翌年の一月にイングランドとの関係を断つことが両者の間で決定された。一五三八年一二月、既にヘンリを破門していた教皇パウルス三世によるイングランド侵攻への呼びかけは、イングランドにとって特に大きな脅威に映った。その後クレーフェ公の娘アンとの結婚をはじめ、ドイツのプロテスタント諸侯との交渉を積極的に王に勧めていたクロムウェルは失脚した。

一五四一年からはヘンリは自ら皇帝の駐在大使と交渉を多く持つようになる。そしてイタリアの覇権をめぐってふたたびフランソワと戦いを始めた皇帝と一五四三年二月には対仏戦のための同盟を結び、一五四四年自らフランスに出陣する。これにはスコットランド問題も関わっていたようだ。ヘンリ八世はスコットランドを従属させようとし、そのためにスコットランドとフランスとの古くからの同盟を絶とうとしたらしい。同年九月皇帝は、ブローニュ占領に向かっているヘンリを無視してひそかにフランソワとクレピーの和約を結び停戦したが、ヘンリは対仏戦を続けた。その結果ヘンリは死の前年の一五四六年、アルドルの和約でブローニュを八年間占有することをフランスに承認させ、両国間に和平が実現した。

3　イングランド駐在大使の活動

ヘンリ八世の時代の外交は「宮廷外交」といわれるものであった。駐在大使は主として宮廷で王や顧問官たちに接し、意見を交わし、ときには条約の調印もした。この当時の外交は君主のためのものであった。大使は他国にあっては君主の名代として接し、相手国の君主を動かしつつ交渉の任にあたるものとされた。そのため同盟の交渉には君主からの委任状を持参せねばならなかった。大使が他国の王や使節との交際において、自分の君主の尊厳を守らねばならなかったことはいうまでもない。この宮廷外交の時代には、秘密外交方式がおこなわれたため、この頃の大使は体のいいスパイと見なされることも多かった。大使たちはできるだけ情報を集め、その情報を調査、分析して、急送公文書の形にして本国に送った。だが書簡の内容の秘密を保持することは困難であった。ウルジーたちは他国の大使の行動に不審を抱き、大使が自分たちの指示に従わないときは大使の使者を止めさせ、急送公文書を開封したのである。大使たちもそのようなリスクに対する防衛策を本国から指示されていた。送付するのに最も安全と思われる方法をそのつど選択し、暗号を用いて報告書を作成することが大使たちに委ねられていた。また当時は今日のような外交官特権も確立されてはいなかった。

当時イングランドにいた外国の駐在大使は教皇大使、神聖ローマ皇帝大使、フランス大使、ヴェネツィア大使、フェラーラ大使、ミラノ大使であった。しかしフェラーラ大使やミラノ大使はそれほど重んじられてはいなかったようだ。ミラノ大使が王に謁見したことを示す史料は見当たらない。ヘンリは実際に外国大使にどのように接していたのだろうか。またその当時のイングランド在住の外国大使はどのように活動していたのだろうか（図10-6）。イングランド大使を一六年にわたって務めた皇帝大使シャピュイの赴任時の史料を見てみよう。

一五二九年八月末ロンドンに着いたシャピュイは、九月二一日にウィンザーの宮廷で王に謁見した。厳かな儀式がおこなわれ、シャピュイはラテン語で演説したあと、王に大使としての信任状を捧呈した。王は「皇帝とイングランド王との友情と同盟が保たれることを期待する」といい、また今後皇帝からのニュースを王に伝えるように要請した。必要なときはいつでも訪ねるようにといった。そして王は「君主間の友情や敵対は君主の派遣する大使によって左右されるものだ」と語った。

王に謁見する際には宮廷に使者を遣わし、アポイントメントをとってからおこなわれた。ヘンリは謁見の際、相手の君主を攻撃して外国大使を狼狽させることもあった。一五三七年のイースター（四月一日）に王に謁見したとき、シャピュイは予想もできないほど激しく皇帝への非難の言葉を浴びせられた。王はしばしば相手の君主の態度や政策を非難したが、シャピュイはそれに対し皇帝を擁護するとともに、はっきりと自分の意見を述べている。

図 10-6　大使たち（ホルバイン画）
出典：ロバーツ、2003 年、61 頁。

また王はときにはシャピュイに「外国の王としてではなく友として話がしたい」と友好的な態度を示すこともあった。そしてヘンリと王妃キャサリンとの離婚から一〇年ほど経た一五四二年、皇帝との対仏同盟を積極的に王に勧めるシャピュイが痛風で歩けなくなったときのことである。ヘンリは自分の輿を提供してシャピュイを運ばせ、交渉のためネーデルラントへ一時出国させている。それを知ったライバルのフランス大使マリヤックは

「普通の大使ではなく、まるで皇帝の重要人物であるかのように王はシャピュイを扱った」と悔しがった。

王の外国使節に対する態度は使節の君主に対する態度を示していた。ヘンリが外国君主はもちろんのこと、その君主の大使を相当心に掛けていたことは間違いない。離婚問題が暗礁に乗り上げ、帰国を命じられた教皇特使カンペッジョにヘンリは高額なプレゼントを与えて帰国させている。「七月一四日教皇特使はイングランドを去りました。イングランド王は特使に六〇〇クラウンもする銀器を与えていたのです」とヴェネツィア大使カペッロは本国への手紙のなかで書いている。またヘンリも外国の使節からしばしばプレゼントをもらっていたらしい。「貴公のご家臣イッポリート・パガーノから牝馬のプレゼントを受け取りました。このうえなくうれしい贈り物です。私はその血統の馬が好きですが、なにより貴公から贈られたのでうれしいのです。お礼を申し上げます」とヘンリはマントヴァ公フェデリコ二世に手紙を書いている。

そしてヘンリはそのときどきのイングランドとの関係に応じて重視する大使を変えたようである。カペッロの手紙を見るとその時期ヘンリが重んじていた外国大使がわかる。

「イングランド王はただフランス大使だけを狩に同行しています。王はフランスからの返事（イングランド王とフランス王との会談計画に関する返事）をしきりに待っておられます」（一五三二年七月）。

「六月二日アン王妃（アン・ブリン）の結婚祝賀会が催されました。フランス大使と私ヴェネツィア大使はそこに最高の敬意を持って迎えられました。王は私をすぐにそばに招いてくださいました」

（一五三三年六月）。

またヘンリは敵対感情を抱いた王の大使を冷遇することもあったようだ。一五四二年イングランドとスコットランドとの関係が悪化した際のことである。「スコットランド大使は先週の火曜日以来王に謁見できず、ぞんざいに扱われています。大使の部下はスパイと思われ、この二日間ロンドン塔に拘留されています」とフランス大使マリヤックはフランソワ一世に宛てて書いている（一五四二年八月）。

外国大使は常に王の様子をうかがっていたが、ヘンリが死の床にあったときも大使たちは王に謁見を申し込んでいた。一五四七年元旦、フランス大使セルブはスコットランド問題でヘンリと話し合いを持とうとしたが、顧問官パジェットに「王は足が悪いので代理の者でもよいか」と聞かれている。またシャピュイの後任の皇帝大使バンダー・デルフトも一月八日、謁見を申し込んで断られている。大使たちは王の死が近いことを察し、王太子エドワードの伯父のハートフォード伯（のちのサマセット公）が摂政になるだろうと本国の君主に伝えている。

4 今日の外交の礎が築かれた時代

ヘンリ八世は外交を重んじた君主であった。対外政策に力を注ぎ、戦争や外交に関心が深かった。複雑なヨーロッパ情勢の中でイングランドが主権を主張し、勢力を拡大するためには外交を重視することは不可欠なことであった。ヘンリ八世の時代にヨーロッパでは駐在大使の役割と数が増し、駐在大使の仲介による外交交渉が増えた。

イングランドにおいても、ロンドン条約締結のためトマス・ブリン（アン・ブリンの父）をフランスに一七か月滞在させたのを機に、ヘンリ八世やウルジーは一五二〇年代から積極的に駐在大使を用い始めた。イングランドはすでにローマ教皇庁、スペイン、ネーデルラント、神聖ローマ帝国にも大使を駐在させていたが、駐在大使職があらためて見直された。その結果駐在大使には、家柄や富のほか高い技能や能力が求められるようになった。

交渉力、当時の国際言語であったラテン語をはじめとする語学力、教会法やローマ市民法の知識、行政手腕、戦争体験、特使としての外交経験、鋭い財政感覚などが必要とされた。そのためこの当時の駐在大使は、聖職者、貴族、ジェントリの中から選ばれた。聖職者が大使になる場合、通常、司教あるいは聖堂参事会の首席司祭であった。ヘンリ八世の時代に大使職に就く聖職者の割合が増し、貴族やジェントリで大使になるものは高官が多かった。

一五三〇年代半ばまでに、駐在大使を用いる方式はイングランドで定着し、一五四〇年までに標準的な外交のかたちになった。地位向上に伴い、駐在大使の待遇もおおいに改善され、大使の給料は上がった。大使の地位は非常に名誉あるものになり、大使に任命されることは、君主に重んじられている証しとなった。大使たちは、まだ自分たちを職業外交官としては見ていなかったようだが、駐在大使としての経験は王の家臣としてのその後の出世の大きな要素になった。

ヘンリ八世の時代はイングランドにとって近代外交の始まりの時期といってもよいだろう。ヘンリ八世時代におこなわれたような宮廷外交は一八世紀まで続いたのであるが、この宮廷外交の時代に今日の外交の原型がつくられたのである。

（髙梨久美子）

column

金襴の野

一五二〇年六月、ヘンリ八世とフランス王フランソワ一世は、カレー近郊の小さな村で会見した。その舞台として、仮御殿や豪華な金襴の布で数百に及ぶテントが作られた。御殿とテントという組み合わせは、不釣り合いのように思えるが、この絵画（図10-5）に見られる館のような建築物はいわば映画のセットのようなもので、煉瓦の基盤の上に木材と布で造られた一時的な構造物である。式典に際して凱旋門などモニュメンタルな構造物を造るという「文化」は、ルネサンス期に復活するが、当時のヨーロッパの君公には、古代ローマのような石造りの建造物を作る資力はなく、式典の際は、こうした仮造りの構造物で済ませることが普通であった。それでも、豪華な金糸をふんだんに使ったベルベットのテントは壮観であったようで、詳細なスケッチが残されている。また、館の前の噴水にはワインが流され、人びとの喉を潤した。

絵は、日本の絵巻物に見られるように、異なった時間の出来事を一画面にまとめている。会場に意気揚々と乗り込むヘンリが手前に大きく描かれ、フランソワとの会見は、後方中央のテント内に小さく描かれている。

この絵でもっとも目をひくのが上空を飛ぶドラゴンの姿であるが、これが何を意味するかは判然としない。いくつかの解釈もあるが、この会見というビッグイベントを象徴する奇瑞として描かれたと考えてよいだろう。

（指　昭博）

11

ヘンリ八世とスコットランド

1　ヘンリ八世とジェイムズ四世

ヘンリ八世の対スコットランド政策は、スコットランド支配を目的としたスコットランドへの侵攻を特徴とする。ヘンリのこの政策は、これまでのイングランド王家のそれとほぼ同じ路線といえよう。中世においてイングランドとスコットランドは、両国の隣接地帯に位置するノーサンブリアの領土をめぐる争いを繰り広げたのち、イングランドによるスコットランド支配へとその戦いの性質を転化し、両国は幾度も戦火を交えた。この戦いは、スコットランド側からみると王国の自治権を守るための「独立戦争」と解され、スコットランド王ロバート一世の治世の一三二八年に両国間でエディンバラ・ノーサンプトン条約が締結され、イングランドはスコットランドの独立を正式に認めた。しかしながら、その後も両国間で戦いがやむことはなかった。ヘンリ八世の対スコットランド政策は、こうした歴史的過程から強い影響を受けているが、スコットランドとの戦争の契機が、イングランドとフランスとの関係に密接に関連していたという点で、中世の「独立戦争」とは異なる側面を持っていたといえよう。

イングランドでは、約一〇〇年続いた王位継承争いの「ばら戦争」が終焉を迎え、一四八五年にヘンリ七世のもとテューダー朝が始まった。この治世期にイングランドとスコットランドの関係にも新たな展開が見られた。一四九〇年代にすでにスコットランドと一戦を交えていたヘンリ七世は、当初、スコットランドとの同盟がイングランドの外交には重要であるとあまり認識していなかった。しかしながら、フランス軍の援軍とともにスコットランド内の親フランス派が、北からイングランドに侵攻するかもしれないという危険事態を回避するために、一五〇二年にスコットランドと「永久の和平」を結んだ。翌年、ヘンリ七世の長女でヘンリ八世の姉マーガレットとスコットランド王ジェイムズ四世が結婚し、両国間の和平は整った（図11-1参照）。イングランドの思惑と裏腹に、当時、スコットランドの詩人ウィリアム・ダンバーは、二人の結婚を祝して「アザミとバラ」と題する詩を書き、後にスコットランドの人文主義者ジョン・メイジャは、二人の結婚がやがて両国間の統合をもたらすであろうと期待して、『大ブリテン史』（一五二一年）を執筆した。しかし、ヘンリ七世の没後、王冠を継いだヘンリ八世がフランスの王位継承権を掲げ、対フランス戦争に突入したため、スコットランドは「古い同盟」を理由にフランス側に参戦し、イングランドとスコットランドが対峙することとなった。

一五〇九年にヘンリ八世がイングランド王として即位したとき、姉マーガレットがスコットランド王ジェイムズ四世と婚姻関係を結んでおり、両国の間では一時の和平が保たれていた。しかし、ヘンリはスコットランドとの同盟を持続することを優先するよりも、ヨーロッパ大陸でのハプスブルク家とヴァロア家との覇権争いに加わった。国王ルイ一二世のもとで拡大していくフランスを相手にヨーロッパ諸国、すなわち神聖ローマ帝国、アラゴン・カスティリャ、ヴェネツィア、スイスは「神聖同盟」を結び、一五一二年にイタリアの地で戦争を展開した。ヘンリが同盟側につき、フランス王位継承権を理由としてフランスに侵攻を開始した結果、スコットランドとの和平もすぐに崩壊した。スコットランドは同盟側あるいはフランスのどちらに味方するか選択肢があったが、ジェイムズ四世は、中世の独立戦争の際にフランスと締結した「古い同盟」を再度確認し、フランス側に味方し参戦したのである。この機をとらえたヘンリは、フラン

図 11-1　スコットランド国王ジェイムズ 4 世とマーガレット

出典：Macdougall, 1984, p.35.

スの王位のみならず、スコットランドの王位も狙い、スコットランドとの戦いに応戦した。ヘンリが大陸の戦争に従事してイングランドに不在の間、一五一三年九月にサリー伯爵率いるイングランド軍は、フロッドンの戦いでスコットランド軍を破った。この戦いでジェイムズ四世は戦死し、スコットランドでは、三名の司教、一一名の伯爵、一五名の領主、そして五〇〇〇から一万もの人びとが殺害されたといわれている。ジェイムズの死骸はロンドンへ運ばれ、セント・ポール大聖堂境内に埋葬されたとされるが、遺体の行方にはさまざまな伝説があり、詳細は不明である。

2 ヘンリ八世とジェイムズ五世

ヘンリ率いるイングランド軍は、フランス軍との戦いを継続していた。そして、当時、自らの結婚解消問題をめぐってローマ教会と決別したヘンリは、ブリテン島北部に位置しフランスの同盟国であるカトリック国スコットランドの存在を徐々に懸念するようになった。

スコットランド王ジェイムズ四世の亡きあと、生後一七か月の息子がジェイムズ五世として王位を継いだが、まだ幼少のため摂政政治がおこなわれた。イングランド側は、ジェイムズ四世の未亡人でヘンリ八世の姉にあたるマーガレットが、スコットランド内の親フランス派を抑えて摂政の役割を果たすことに期待していた。マーガレットは、スコットランドの有力貴族で親イングランド派の第六代アンガス伯のアーチボルド・ダグラスと再婚したが、スコットランド貴族たちの多くは、その再婚に反発し、王位継承候補者でもあり、親フランス派のオールバニ公ジョン・ステュアートに王国の統治を要請した。オールバニ公は、一五一五年から一五二四年まで約九年間スコットランドを統治したが、ダグラスとオールバニ公との間で後見職や外交政策をめぐって内紛が生じ、スコットランドは不安定な政治的状況に陥った。結局は、未成年の国王ジェイムズの身柄を押さえたダグラス家が政治権力を握った。

ジェイムズ五世が未成年のときには、スコットランド国内での政治的混乱もあり、イングランドにとってスコットランド対策はさほど重要と見なされていなかった。ヘンリは一五二三年にイングランドとスコットランド間の戦いを一六年間休戦すること、そしてジェイムズ五世とヘンリの最初の妻キャサリンとの間にできた娘メアリとの結婚をスコットランド側に提案した。しかし、スコットランド側は、この婚姻関係の提案を拒否した。イングランド政府の要職についていたクロムウェルが、一五二三年の議会においてイングランドの外交問題の最優先事項はスコットランド対策であると主張したにもかかわらず、依然としてヘンリは、一五二五年イタリアのパヴィーアでイングランド側がフランスを破るま

図 11–2　スコットランド国王ジェイムズ５世
出典：Merriman, 2000, p.227.

で、対仏戦争に夢中になっていた。一五二五年にイングランドとフランス間の条約が締結され、その後、フランスを支持していたスコットランドにも平和が訪れ、しばらくの間、スコットランド・イングランド間には大きな対立は生じなかった。

比較的平穏だった状況は、親政を開始したジェイムズ五世が、フランスの王家と婚姻関係を結んだときに一変した（図11-2参照）。ジェイムズ五世は、経済的な問題も抱えていたこともあり、持参金を当てにし、中世から続く「古い同盟」を優先して親フランスの政策をとり、一五三七年にフランソワ一世の王女マドレーヌと結婚した。数か月後にマドレーヌは亡くなったが、翌年、ジェイムズは、フランソワ一世の主要な顧問官ギーズ公の息女マリーと再婚し、フランスとの同盟関係をよりいっそう強めていった。二度にもおよぶジェイムズのフランスとの関係強化は、ヘンリの晩年にとって重要な外交問題となっていた。

一五四一年七月、フランソワ一世と神聖ローマ皇帝カール五世との間でイタリアのミラノで戦争が始まり、ヘンリは、フランスがイタリア戦に加わったのを受け、フランス軍からのスコットランドへの支援は限定的なものになるだろうと見込んで、スコットランド対策に乗り出した。ヘンリは、ジェイムズ五世にヨークあるいはロンドンまで友情の条約を結びにおもむくよう要求したが、イングランドでの会談は実現せず、結局、一五四二年一〇月にイングランドとスコットランド間の戦争が中部地方で始まった。ヘンリ八世の軍は、一五四二年一一月二四日、ソルウェイ・モスの戦いでスコットランド軍を破った。一二月八日、ジェイムズ五世と妻マリーとの間に娘メアリがリンリスゴウ宮殿で誕生したが、それから約一週間後に、ジェイムズは心身衰弱のため突然死亡した。

3　メアリ女王と「手荒な求婚」（一五四三〜一五四六年）

父ジェイムズ五世の死後、メアリ女王は、生後六日目でスコットランド王位を継いだが、母マリーと親フランス派のビートン枢機卿が摂政となり、スコットランドの内政を事実上掌握した。したがって、ヘンリにとって、スコットランド内で優勢な親フランス派への対処が優先されるべき事柄となった。そこでヘンリは、三番目の妻ジェイン・シーモアとの間に生まれた幼い息子エドワードとメアリ女王の婚姻を画策した（図11-3参照）。

図 11-3　エドワード 6 世の肖像
出典：Merriman, 2000, p.227.

当時、スコットランド内は、外交政策をめぐって二つの政治集団に分裂していた。一方は、故ジェイムズ五世の妻マリーとビートン卿を中心とする親フランス派であり、他方は、スコットランド貴族で王位継承候補者でもあるアラン伯を中心とした宗教のプロテスタント化を支持する親イングランド派であった。一五四三年一月に、スコットランドでは親イングランド派が優勢となり、アラン伯はビートン卿を逮捕し、プロテスタント派が目指していた母語の聖書の使用や教会の改革案について議会に提案した。また、アラン伯は同年七月、グリニッジにておこなわれたイングランドとの条約交渉も担当した。この条約には、イングランドとの和平条約締結、そしてスコットランドのメアリ女王が一〇歳になったとき、イングランドの王子エドワードと婚姻関係を結ぶという協定が含まれていた。そこには、メアリ女王もイングランドで幼少の教育を受けるべきというイングランド側の要求も加えられていた。

ヘンリにとってこの条約は、「黄金のそして神聖なる婚姻」から二つの国がひとつとなり、両国に安定と和平をもたらすことだけを意味したのではなかった。同条約は、イングランド王位を継承する権利が、スコットランドのメアリ女王に、あるいは、彼女の子孫に移行するという状況を回避するためにも必要であった。カトリック側からみれば、イングランドの正統な王位継承者は、ヘンリの最初の妻キャサリンとの間に生まれた王女メアリであり、ヘンリのそれ以降の結婚から生まれた子女は、庶子という位置付けであった。したがって、メアリ・テューダーの後は、イングランド王ヘンリ七世の子孫であるスコットランドのメアリ女王が正統なイングランド王位継承者と見なされていた。プロテスタント側からみても、ヘンリ八世の子孫が絶えたとしたら、イングランド王位の正統な継承者は、やはりスコットランドのメアリ女王、そして彼女の子孫となる。かくして、ヘンリは息子エドワードとメアリ女王の婚姻条約を結ぼうと画策した。しかしながら、ヘンリが要求した条約には、イングランド王に対する臣従の誓いも含まれており、スコットランド王国の古来の自由を奪う要素があるとして、一五四三年一二月、スコットランド議会がこの条約を却下した。

その間、ヘンリは、神聖ローマ皇帝カール五世との同盟を強化し、フランスと交戦していた。イングランドとスコットランドとの間でもふたたび戦争が勃発し、一五四五年二月二七日、アンクラム・モーアの戦いでイングランド軍は、スコットランド軍に破れた。スコットランド枢密院が、フランスの援軍とともにイングランドと続けて交戦することを決定したのを受けて、ヘンリは、息子エドワードの伯父にあたるハートフォード伯をイングランド北部へ派遣した。ホーリールード宮殿を含む町や村落を破壊するという命のもと、彼は、スコットランド内の一六の城、七つの修道院、五つの町、そして二四三の村々を焼き払った。スコットランドにおけるイングランド軍の残虐行為が、スコットランド内ではさらなる反発を生んだ。その八か月後には、親フランス派のビートン卿がヘンリの手先によって暗殺されたが、スコットランドで親フランス派が衰えることはなかった。エドワード王子とメアリ女王との婚姻条約を実現することから始まったこの一連の戦争は、後に「手荒な求婚」と称された。イングランド側が戦いで勝利を収めたのちも、ヘンリが当初、画策した息子エドワードとメアリ女王との結婚が実現することはなかった。ヘンリの対スコットランド政策は、常にヨーロッパ大陸の覇権国であるフランスとの関係から大きな影響を受け、展開されていた。

4　一五四七～五一年

ヘンリが開始したスコットランドとの戦争は、一五四七年一月に彼が死去したのちも、イングランド王位を継承した幼王エドワード六世のもとで受け継がれた。新たに即位した国王は、九歳であったため、政治の実権は伯父にあたるハートフォード伯改めサマセット公エドワード・シーモアが握っていた。イングランド側は、一五四七年以降、主要な経路で東海岸に位置するベリックなどの重要な町に、より洗練した強固な要塞を全部で二〇基、新たに建設した。エディンバラから一八マイル離れたハディントンには、対スコットランド政策のためのイングランド占拠軍の本部が置かれた。

一五四七年九月に、スコットランド内の親フランス派を一掃し、スコットランドを支配下に置くために、イングランド軍は再度スコットランドに侵攻して、マッセルバラ近郊のピンキーにてイングランド軍がスコットランド軍に圧勝した。この戦いで何千人ものスコットランド人が殺害され、一五〇〇名ほどのスコットランド人が捕虜になったといわれている。イングランドの侵攻にもかかわらず、エディンバラ城は不動であった。スコットランドでは親フランス派が勢力を保ち続け、イングランド戦の敗北が、かえってスコットランドをフランスにより接近させた。一五四八年七月にスコットランドとフランスとの間でハディントン条約が結ばれ、メアリ女王はフランス王アンリ二世の息子フランソワ王子と結婚するため渡仏することとなり、スコットランドはイングランドの侵

図 11-4　スコットランドのメアリ女王15歳

出典：Guy, 2004, p.142.

図 11-5　スコットランドのメアリ女王とフランソワ２世

出典：Guy, 2004, p.142.

攻を防ぐために、フランスから軍事的支援を受けることが決まった（図11-4、5、6参照）。イングランド同様、フランス軍も洗練された要塞をスコットランド領地内に新たに建設した。結局、イングランド軍はスコットランド内の駐屯地を放棄し、一五五〇年フランスと和平を結び、翌年にはスコットランドとも和平を結んだ。ヘンリ没後、数年の間に展開された対スコットランド戦争は「手荒な求婚」の第二段階ともいわれている。

かくして、ヘンリ八世は、スコットランド王ジェイムズ四世とのフロッドンの戦い、ジェイムズ五世とのソルウェイ・モスの戦い、スコットランド女王メアリ治世期の「手荒な求婚」と称された一連の戦いが示すように、スコットランド王家の三代と幾度も戦火を交えた。晩年にヘンリが始めた「手荒な求婚」は、

図 11-6　メアリ女王とフランソワ2世との1558年結婚記念メダイヨン
出典：Merriman, 2000, p.227.

結局、スコットランドのメアリ女王をフランス側に渡す結果となった。フランスの支援を得たメアリ女王は、イングランドの王位継承者として自らの正統性を主張し、その後も、ヘンリの跡を継いだイングランド王家にとっては厄介な存在となっていった。

（小林麻衣子）

12

ヘンリ八世とアイルランド

一五四一年、アイルランドの議会は、ある法律を制定した。その正式名称を「イングランド王とその相続人にして後継者はアイルランド王であるとする法律」という。「アイルランド領主（ロード・オブ・アイアランド）」であり、実質的にはアイルランド王としての権利・権力を有してきたイングランド王を、これからは称号・地位においても「アイルランド王（キング・オブ・アイアランド）」とするというのが、その主旨であった。それは何を意味したのであろうか。なぜ、このような法律が一五四一年に制定されることになったのだろう。

1　テューダー朝成立時のアイルランドとヘンリ七世

アイルランドは、一二世紀半ば以来、イングランド王の領土であった。イングランド王はアイルランド領主の資格で、この島国に対する領有権を有していた。しかし、テューダー朝が成立した一五世紀末期にあっては、それはほとんど名目的なものにすぎない。王の代理である総督を通じて実質的に王権の実効支配が及んでいたのは、総督府のあるダブリンを取り囲む、南北一〇〇キロ、東西五〇キロほどの「ペイル」（ペイルとは柵のことであり、堀とその内側に柵を設けて外敵に対する防御としたことに由来する）と呼ばれた地域だけであった。

そうなったのには、イングランドの王権自体にかなりの責任がある。アイルランドには、一二世紀後半から一三世紀半ばにかけて、ウェールズ南部に本拠を置いていたイングランド王の臣下の貴族らがアイルランドへ侵攻し、先住のアイルランド人（ゲール系）領主（氏族）から土地を奪っていった。後者は不毛な山岳地帯や沼沢地帯に追い込まれていき、一三世紀半ばにはアイルランドのほぼ三分の二がイングランド系貴族の支配するところとなったのである。と同時にイングランド王権もこうした貴族たちの好き勝手を許さぬよう監視を怠らなかった。ダブリンに総督府を置き、諸裁判所を整備し、また地方では州(カウンティ)を設置して王の役人（知事(シェリフ)）に統治させるなど、イングランド的統治制度を導入したのである。

ところが、一四世紀にもなると、イングランド王権はその対外的関心の対象を、宗主権を主張していたブリテン島北部のスコットランドや、「百年戦争」に見られるように、イングランド王家のもともとの本拠地である大陸フランスにおける失地回復もしくはフランス王位の獲得に向けるようになり、アイルランド統治はほとんどないがしろにするようになる。こうしたなかで、生き残った

図 12-1　中世末期アイルランドの主要な軍閥

出典：Lennon, 1994, p.41.

先住のゲール系有力氏族は、アイルランドとともにゲール世界を構成していたスコットランドの西部島嶼地方（アイランズ）や北部高地地方（ハイランズ）から流入した軍事専門集団（「ギャロウグラス」といい、ゲール語でもともと「外国人の家臣」を意味した）を雇って私兵化し、アイルランド内部での失地回復をはかっていったのである。これに対して王権から顧みられなくなったイングランド系大領主の側も、自己防衛のためゲールの有力氏族と同様に軍事専門集団を私兵化していく。こうしてゲール系とイングランド系とを問わず、大領主はその軍事力によって中小の領主層への支配を強め、私的勢力圏を構築して軍閥となっていった。中世末期、アイルランドはその大部分が、軍閥の割拠する世界と化したのである。

軍閥にも大小の格差があったが、なかでもアルスタ地方ではティローンのオニール族、ティアコンネルのオドンネル族（いずれもゲール系）、コナハト地方ではクランリカードのバーク族（もともとはイングランド系でド＝バーゴという家名であったが、すっかりゲール化していた）、ソモンドのオブライエン族（ゲール系）、マンスタ地方ではデズモンド伯フィッツジェラルド家、オーモンド伯バトラー家、レンスタ地方ではキルデア伯フィッツジェラルド家（以上、いずれもイングランド系）といったところが、代表的な大軍閥であった。

隣り合う大軍閥同士は勢力争いを繰り広げると同時に、敵の敵は味方の論理で大軍閥同士の水平的な同盟も結ばれた。中小の軍閥の間でも同様である。また大軍閥と中小軍閥の間にも、互いの利害が一致するところに上下の同盟関係が結ばれた。こうした同盟関係の構築には、政略結婚のほかに、アイルランドでは里子制度も重要な役割を果たしている。ただし、こうした同盟関係はけっして固定的なものではなかった。

では、こうしたアイルランドに対して、テューダー朝初代のヘンリ七世はどのように向き合ったであろうか。王家がランカスタ家とヨーク家に分かれ、支配層（貴族・ジェントリ）を巻き込んで、三〇年に及ぶ血で血を洗う陰惨な内戦を演じた、いわゆる「ばら戦争」（一四五五～一四八五年）を終結させた彼は、イングランドにおいてはヨーク派から妃を迎えて国内融和に努めるとともに、大貴族を抑え、ジェントリと呼ばれる人たちを重用して、王権の強化をはかっていった。しかし、ヘンリ七世の、アイルランド領主としての統治姿勢はこれとはまったく対照的であった。大貴族の第八代キルデア伯を総督に任じて、アイルランド統治の責任を事実上丸投げしたのである。

キルデア伯は、中世盛期にアイルランドに渡ったイングランド人貴族の末裔であり、中世末期にはデズモンド伯、オーモンド伯とならぶイングランド系三大貴族のひとりにして大軍閥であった。しかも、彼は、ばら戦争中はアイルランドにおけるヨーク派の首領であり、戦争終結後も、ヨーク派の王位僭称者を担いで、テューダー朝の転覆を狙った陰謀に加担してもいる。そのような人物に、なぜ、ヘンリ七世はアイルランド統治を委ねたのだろうか。

イングランドにおける国内再統合と強固な王権の確立に専念したいヘンリ七世としては、アイルランド統治に直接責任を負いたくなかったし、またその余裕もなかったというのがその理由だった。軍閥が割拠するアイルランドにおいては、平和——一定の政治的安定——が得られれば、それで最高統治権者としての面子が保たれよう。そうなれば、いわば毒をもって毒を制すである。アイルランドの事情に精通した現地の、しかも実力者、すなわち大軍閥に統治を委ねたほうが手っ取り早かったのである。

それにしても、なぜキルデア伯だったのか。大軍閥としてのキルデア伯の力は、デズモンド伯やオーモンド伯のそれよりも劣っていたが、それを補ってあまりある地理的な利点を彼は有していた。その勢力圏が「ペイル」と隣接していたのである。したがって、政治構造的に「ペイル」の内と外に分かれるアイルランドの統治を任せうる者として、キルデア伯ほど都合のいい存在はなかったといえよう。一方でダブリンを拠点に「ペイル」を治める総督、他方で「ペイル」の外に対して、国王の権威を利用しつつ、本拠地キルデアからその実力によって睨みをきかせる大軍閥、この二つの顔でアイルランドに臨むことのできる者はほかにいなかった。当初の不穏な動きを赦してのち、ヘンリ七世は終生キルデア伯をアイルランド総督として信任し続けたのであった。

2　ヘンリ八世のアイルランド政策

ところが、ヘンリ七世が亡くなって、ヘンリ八世が王位を継承し、キルデア伯の方も第八代から第九代へ代替わりすると、事情は大きく変わっていく。イングランドの国内固めに専念した慎重・確実な父王ヘンリ七世とは異なり、対外的にフランスでの失地回復をはかろうとしたり、スコットランド支配をもくろんだりと、能力はともかく野心ばかりはやたら大きかったヘンリ八世は、アイルランドに対する統制も強めたいとの意欲を示していく。しかし、このことは当然ながらキルデア伯家との関係を悪化させていった。

伯家の王権に対する不信は一五三〇年代半ばに頂点に達した。総督としての行為について説明を求められた第九代伯はロンドンに向かったのであるが、留守中、伯の代理に任じられていた息子のオファリ卿が、ロンドン塔に父伯が幽閉されたという話を耳にして、ついにヘンリ八世に反旗を翻したのである。このキルデア伯家の反乱は、結局イングランドから派遣された国王軍によって鎮圧された。キルデア伯自身はロンドン塔で病死し、一族の男はオファリ卿をはじめ、大陸に逃げおおせたひとり——エリザベス一世に赦されてキルデア伯家の復活を認められる——を除いて、みなロンドンに連行され処刑されてしまった。

こうして、アイルランド統治を任せるには最適であった大軍閥キルデア伯家を排除した（してしまった）ヘンリ八世は、アイルランドの統治に直接責任を負わざるをえなくなった。それは、王権が「ペイル」の外の軍閥と直接向かい合い、軍閥割拠状況に対処していくことを意味したのである。

3　「アイルランド王」としてのヘンリ八世のアイルランド統治

ヘンリ八世は自らの代理として、一五四〇年にサー・アンソニー・セントリジャーをアイルランドに送り込んだ。そして、彼は、総督として長期にわたってアイルランド統治の重責を果たすことになる。

セントリジャー総督がまず打ち出した新機軸、それこそが、冒頭で触れた法律の制定、すなわちイングランド王のアイルランドにおける地位の変更である。では、これはいったい何を意味していたのだろうか。ひとつには、イングランド宗教改革がこれを余儀なくさせたという面がある。もともと一二世紀にイングランド王（ヘンリ二世）が得たアイルランド領有権は、イングランド出身のローマ教皇ハドリアヌス四世による贈与に基づくものであった。したがって、ヘンリ八世が王妃の離婚問題を契機にローマ教皇庁と絶縁したことにより、イングランド王のアイルランド領有権の法的根拠が危うくなっていたのである。そこで、アイルランド議会の立法によって、イングランド王のアイルランドにおける地位の根拠をあらためて法的に確定しようとしたのであった。しかし、それだけではない。この措置にはより積極的な意味があった。領主から王に昇格させることで、イングランド王のアイルランドに対する統治責任をより明確にするという狙いがあったのである。

もっとも、法的なイングランド王の地位の変更だけでは、あくまでも形式的な次元に留まり、統治の実態に変化はないだろう。セントリジャーは実態面でも新機軸を打ち出した。それが、後世の歴史家によって「譲渡と再授封（サレンダー・アンド・リグラント）」と称されることになる政策である。これは、「ペイル」の外の、とくにゲール系軍閥に対する政策であった。

中世盛期に侵攻・定着したイングランド系貴族は、ド＝バーゴ家のような例外はあれ、多くは軍閥化してもなお、法的・形式的にはイングランド王（アイルランド領主）の臣下であった。ところがゲール系族長との間には何も法的関係がなかった。そこで、セントリジャーは、ゲール系の大軍閥（有力氏族の長）とイングランド王（いまやアイルランド王）との間に主従関係を構築しようとしたのである。ゲールの族長にはアイルランドにおける王の最高統治権（主権）を認めさせるとともに、王は彼らをアイルランド王国貴族に叙し、その領地支配を安堵するというもので、そこには互恵性があった。

手続きとしては、まず、ゲール系の有力族長が実力によって支配する領地（勢力圏）を形式的にいったん王に譲り渡し、これをあらためて王からの封土として、アイルランド王国貴族の地位とともに授けるというものである（「譲渡と再授封」という呼び名はこの手続きに基づいている）。要するに、ゲール系の大軍閥をイングランド的統治制度の枠内に取り込むことで、アイルランド全島におよぶ王を頂点とした一元的な政治秩序を築こうとしたといってよい。

もちろん、これは軍閥の温存である。「ペイル」の外が軍閥割拠であることに変わりはない。ただし、ゲール系軍閥に実質的な変化が何も生じないわけではなかった。ゲール法からイングランド法へ、依拠すべき法体系の変更を求められたからである。これにともない、族長の位——正確にいうと、いまや族長としての地位は否定されたから、貴族の家督というべきだが——の継承に変化が生じることとなった。ゲール法の世界での族長位は、一族のなかの継承有資格者のなかで最も有能な者が一族の推挙で選ばれるという最適者継承制度をとっていた。しかるに、イングランド法のもとでは家督は長子相続であった。「譲渡と再授封」政策は、ゲール系軍閥に家督の長子相続制度を求めたのである。もっとも、その狙いは、ゲール的慣行の破壊というよりも、地域的平和の実現にあった。最適者継承制度では、結局は、腕力のある、野心的な継承権有資格者が、それぞれ族内に派閥を築いて、血で血を洗う凄惨な族長位の争奪合戦を繰り広げるというのが実態だったからである。たしかに、こうした陰惨な権力闘争を回避するべく、ゲール的慣行のなかには、現族長存命中に次期族長候補者(トーニステ)を決めておくという制度もあった。しかし、その任命も族長の意向が通るというよりは、その時点での氏族内での派閥勢力関係が大きく作用した。つまり第二勢力の派閥をなだめるという意味が大きかったのである。したがって、族長の死に伴って次期族長候補者がすんなり族長位を継承しうる保証はどこにもなかった。イングランド法にもとづく長子相続制度の導入は、このような族長位継承に伴う氏族内での泥沼の権力闘争に終止符を打つという意味が大きかったのである。

セントリジャーの政策は現状追認的かつ平和志向であった。また、その統治スタイルは現地諸勢力との協調を重んじた、穏健なものであった。総督として彼が長期政権を維持できたのも、そうした彼のスタイルやアプローチによるところが大きい。しかし、ヘンリ八世という後ろ盾を失うと、彼の時代も終わりを迎えることになる。セントリジャー的な政策や統治スタイルをあまりにも微温的なものと見なし、またそこに腐敗——現地の保守的な既得権益との癒着——の臭いもかぎとる者が、ロンドンの宮廷に出現してくるのである。

こうした者は、アイルランドを踏み台にしてロンドンの宮廷での出世をはかろうとする野心家でもあった。総督としてはなばなしくアイルランド「改革」の実をあげ、その功績を土産にロンドンに凱旋しようというわけだ。いきおい、その「改革」は急進的なものが志向されることになった。すなわち軍閥と対峙し、その解体を目指すようになっていく。当然ながら、こうした「改革」が引き起こすことになる軍閥側の抵抗も大きかった。そして、こうした世俗的な「改革」に宗教上の「改革」――国教会（アングリカン教会）体制の樹立を目指すイングランド王権主導の宗教改革と、ヨーロッパ大陸から波及してくるカトリック教会の宗教改革（対抗宗教改革）の交錯――も絡むことになり、エリザベス一世の長い治世を通して、アイルランドは戦乱にまみれていくことになる。

（山本　正）

column

アイルランド国王ヘンリ八世の紋章

図に示した青地に金のアイリッシュ・ハープをあしらった紋章。これは現在のアイルランド共和国の国章である。アイリッシュ・ハープはアイルランドの象徴として三つ葉のシャムロックとともによく使われる図柄で、有名なところでは、世界中で愛飲されているスタウトの王様、「ギネス・ビール」の商標にも用いられている。青地に金のアイリッシュ・ハープがアイルランドの王の政治的象徴として使用された例は一三世紀に遡るが、一五四一年にヘンリ八世がアイルランド国王に昇格したさいに採用したのもこれであった。

それまで歴代のイングランド王は、アイルランド領主としては青地に縦に並んだ三つの王冠をあしらった紋章を用いていたのだが、そこには、アイルランド領主の地位が元来ローマ教皇からの賜与に基づくものであったことが含意されていた。国王への昇格にはローマ教皇との断絶に伴う措置という面があったことは本文でも触れたが、紋章の変更の意味もまさにそこにあった。

ちなみに、今日なお、イギリス（大ブリテンならびに北アイルランド連合王国）の国王もまたこの図柄を紋章の一部として用いている。イギリス国王の紋章から、青地に金のアイリッシュ・ハープが消える日ははたして来るだろうか。

（山本　正）

図

左上：現在のアイルランドの国章／アイルランド王ヘンリ８世の紋章

右上：Lord of Irelandとしてのイングランド王の紋章

下：連合王国国王の紋章

VI ヘンリの死とその後の影響

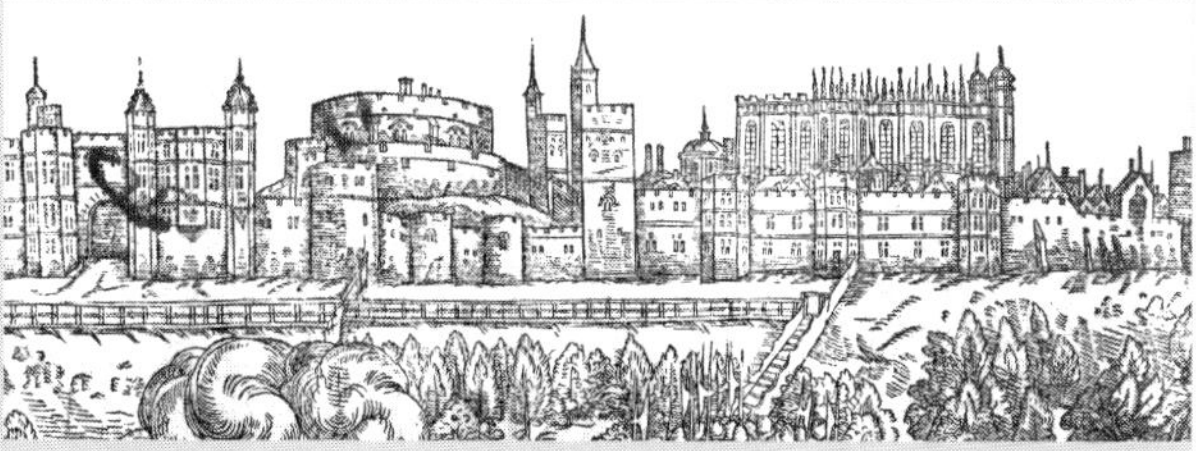

13

ヘンリの死と墓

1　ヘンリの晩年

ヘンリ八世の治世への評価は、一五四〇年代、その晩年に関してはあまり高くない。対外戦争にのめり込んで、王室財政を傾け、せっかく宗教改革によって得た豊かな収入を蕩尽してしまったためである。しかも、ヘンリの晩年は、肥大した身体を持てあまし、自ら歩くこともできなくなり、移動に際しては、家臣に担がせた蓮台（輿）に乗っていた、というように「見栄え」も、溌剌とした若きルネサンス君主の面影の片鱗すらなくなったかのようである。

忍び寄る死を意識したためか、晩年、フランスとの戦争を企てた際に、ヘンリは自らの死後の王位継承のルールを定めた新しい「王位継承法」を制定する。そこには、彼の死後への思いや自分の子孫へのこだわりが見えてくる。

庶子となっていたメアリとエリザベスの王位継承権を明確に認めたことは第1章でも触れたが、一方で、姉マーガレットが嫁いでいたスコットランド王国へ王位が渡ることは認めていない。「外国生まれ」の王は認めない、ということである。しかし、正統性の原理でいえば、庶子である娘たちよりも、ヘンリ七世の直系となるスコットランド王家が優先されるはずである。「外国生まれ」の王を排除するという原則は、王侯同士の「国際結婚」が普通で、その結果としての支配領域の変更が頻繁に生じた近世のヨーロッパでは、かなり異例かもしれないが、むしろ、その当時普通に生じた支配領域の変更をヘンリは嫌ったと考えればよいのだろう。これが「ナショナリズム」といえるものであるのか、単にヘンリが自ら戦った「敵国」スコットランドに王位が渡るのを嫌っただけのことであるのかは判断が難しい。

メアリ・ステュアートは、ヘンリが無視した「正統性の原理」に基づいて、メアリ一世の死後、エリザベスの王位継承権を認めず、イングランド王位を主張することになる。カトリック教会の立場からも、メアリ一世の正統性はもちろんとして、キャサリン・オブ・アラゴンの死後の結婚で生まれたエドワードが正嫡であることは認められても、キャサリンの生前に、ローマ教会が認めない結婚によって生まれているエリザベスはあくまで非嫡出子であり、その王位は認められるものではなかった。かくして、エリザベスは、ローマ教会が認めなかった唯一のイングランド王となる。

それにしても、ここで振り返ってみるなら、たしかにヘンリからすれば、戦を交えたスコットラ

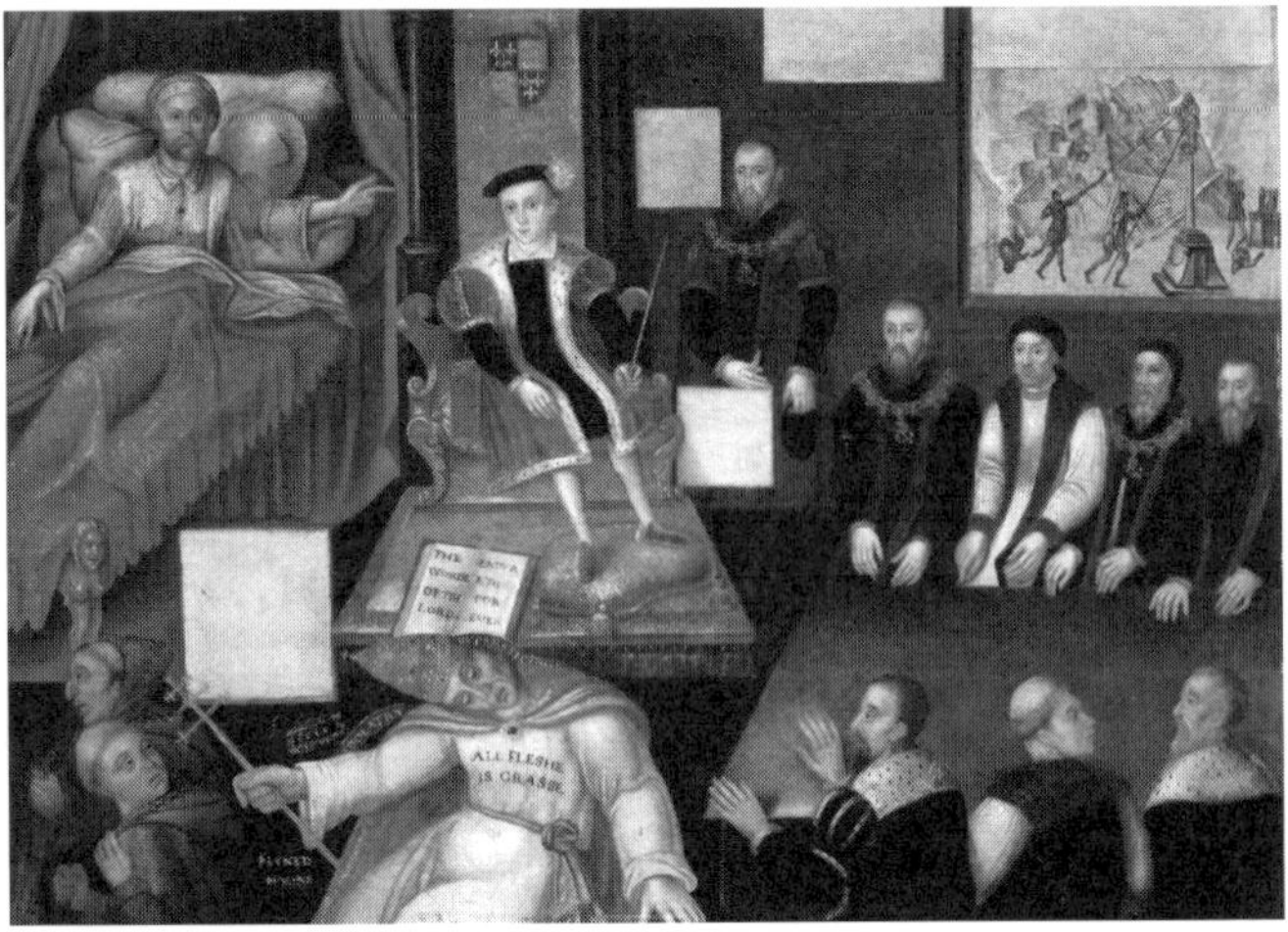

図 13-1　死の床のヘンリ８世とエドワード６世

宗教改革の継承を訴えるために後世に描かれた寓意画。

出典：Lloyd and Thurley, 1990, p.47.

ンドに王位が渡るのはおもしろくなかったにしても、それまでの継承の基本であった「庶子の排除」を無視して、自らの血を分けた子どもたち、しかも女性に継承権をあっさりと認めたということは、国教会の設立にまでいたった一五二〇年代からの一連の動きは、いったい何のためであったのかという素朴な疑問にいたる。

それは王位継承問題とは別個の事柄として「宗教改革」が遂行されたのだ、という解釈もあるだろう。しかし、ローマとの決裂を結婚問題と切り離すことは無理があるし、国教会設立後のヘンリの宗教政策も、けっしてプロテスタント体制へ向けて邁進したわけではない。揺り戻しが繰り返され、そのたびに、プロテスタント、保守派、双方に犠牲者が出ている。王位継承者問題とヘンリの結婚、国教会の成立は不可分の出来事であり、その意味で、国王を頂点とし、恣意を含めて国王の意向を反映する国家教会の誕生ではあったが、それを「宗教改革」としてどう評価するかは難しい問題であり、意見の分かれるところだろう。

2 ヘンリの死

一五四七年一月二八日、ヘンリはウェストミンスターの宮殿でその生涯を閉じた。五五年五か月と五日（！）の生涯であった。その死に際してもヘンリらしいドラマを用意していた。ちょうどその日、謀反の罪でノーフォーク公の処刑が決まっていたのだが、王の死によって処刑は延期され、公は命拾いすることになる。もっとも、ほんの数日前に息子は先に処刑されてしまっていた。次々と周囲の人びとを処刑していったヘンリらしい最後である。

この処刑の直接の嫌疑は、ノーフォーク公の息子トマスが、軽率にも国王紋章を組み込んだ紋章を用いたことが発覚し、国王を廃する意図を持ったものと見なされ、父子ともども逮捕されていたものであるが、その背後には宮廷内でのノーフォーク公とハートフォード伯の権力闘争（それは宮廷内での宗教的な路線対立の反映でもあった）があった。権力闘争に敗れたノーフォーク公が失脚したのである。ちなみに、命拾いはしたものの、ノーフォーク公はそのまま牢に留め置かれ、メアリ時代になってようやく釈放された。しかし、ほどなく勃発したトマス・ワイアットの反乱――メアリとスペインの王太子フェリペ（のちのフェリペ二世）との結婚に反対して起こされた蜂起――に際して、老体にもかかわらず急ごしらえの国王軍を引き連れて鎮圧に向かうが、自軍に内応者が出たため、反乱軍に捕えられ、這々の体で逃げ帰るという醜態をさらしている。

ヘンリは生前、遺言状を作成していた。自らの後継者についても事細かに記されているが、この内容はすでに述べた王位継承法として立法化されている。興味深いのは、聖母マリアや天上の諸聖人への取りなしの願いや、死者のための祈りやミサを希望し、貧者に金を与えて自分のために毎日祈らせることも求めており、明らかにカトリック的な内容になっていることである。ヘンリの本当の信仰がどういったものであったのかは議論の尽きない問題であるが、少なくとも遺言ではカトリックに傾斜していたことは間違いない。

さて、死去したのち、ヘンリの遺体は、鉛の棺に収められて、ホワイトホールの礼拝堂にしつらえられた霊柩所に安置された。腐乱するのを避けるために鉛の棺に密閉されるのは、当時の国王葬儀の通例であり、もはや国王の顔を見ることはできなくなったのである。また、豪華な霊柩所に安置されるのも当時の習慣であったが、ヘンリの霊柩所も東端に新たに祭壇が設けられ、金糸の布や黒いベルベットで覆われ、国王紋章が添えられた。霊柩所の周りには柵が設けられ、柵内には貴顕が弔問に訪れた際に詰める席が作られた。

遺体は二月二日から一四日までここに留め置かれた。その間、紋章官が番をして、弔問者に王のために祈ることを求めている。二月一四日、午前一〇時、葬列はウィンザーに向けて出発した。棺は立派な八頭立ての二輪馬車（チャリオット）に乗せられ、棺の上には王の葬儀像が置かれた。葬儀像というのは、死者の容姿に似せて作った等身大の人形で、棺に収められてもはや見ることができなくなった被葬者の生前の姿を思い起こさせるために葬儀の際に用いられた。テューダー期の王の葬儀像は、ヘンリ七世やメアリの頭部が現存するが、かなり写実的なものである。葬儀像は、被葬者の生前の権力などを誇示するために用いられたので、生前さながらの盛装にされるのが普通である。ヘンリの場合も、頭には本物の王冠をかぶせ、テンの毛皮（高貴な人間の象徴である）のついたベルベットのローブなど、衣服も王にふさわしいものをまとわせている。腕には金のブレスレット、指にはダイヤの指輪など、沢山の宝石を身につけ、右手には王権の象徴である杓杖、左手には、同じく王権の象徴である、地球をかたどったボール状の「オーブ」を持たされていた。

葬列に加わった人数ははっきりしないが、のちのエリザベスの葬列ではおよそ一六〇〇名であったので、ヘンリの場合も同程度もしくはそれ以上であったと考えてよいだろう。葬列が四マイル（六・四キロ）に及んだという記録もある。葬列は二日がかりでウィンザーに到着し、礼拝堂にホワイトホール同様の霊柩所が設けられ、翌日、盛大に葬儀と埋葬がおこなわれた。

ヘンリは、自らの埋葬についても遺言書で指示を残していた。そこでヘンリは、ジェイン・シーモアと一緒に埋葬することを希望している。六人の妻のなかで彼女を一番愛した、とロマンチックに考えたくなるが、ヘンリの遺言の時点で、一緒に埋葬される候補として、ジェインしかいなかったというのも事実である。キャサリン・オブ・アラゴンは、結婚の無効をめぐって争ったし、アン・

ブリンとキャサリン・ハワードは不貞を理由に処刑されており、いまさら一緒の墓に入るなどということはありえなかっただろう。クレーヴのアンとキャサリン・パーはまだ生きていたので、残るのは、ジェイン・シーモアだけである。後継者エドワードの産みの母である点も申し分ない。かくして、ヘンリはジェインとともにウィンザーに眠ることになったのである。

ジェイン・シーモアは、ヘンリの死後も、テューダー朝の系譜を示すような絵画などでは、ヘンリ八世の妻にして、エドワード六世の母として登場することが多い。他の王妃にはそういった扱いはあまり見られないので、公的にもやはり特別な位置付けであったことは間違いない。離婚や不貞など、結婚をめぐるトラブルと無縁であったことも重要だろう。

3 ヘンリの墓

ヘンリが埋葬された墓所であるが、彼は生前から自らの墓も準備していた。権力者が立派な墓を作ることは古くからあったが、ルネサンスの時代、それらの墓に芸術的な質の高さをも求める風潮が強まっていた。ヘンリの頭にあったのは、ミケランジェロの手になる教皇ユリウス二世のための廟墓であり、それに勝るとも劣らない、見るものを圧倒する豪壮な墓を求めたのである。墓の大きさ、華麗さは、そのまま被葬者の生前の権威を示すばかりか、死後の権威をも維持することが期待された。

ヘンリの父ヘンリ七世も、ウェストミンスター・アビィ内陣のさらに奥に華麗な礼拝堂を増築し、その中央に自らの墓を設けている。王室財政の健全化に努め、「吝嗇」と評価されることもあるヘンリ七世であるが、その王朝の権威がかかる自らの墓には費用は惜しまなかった。現在もその墓を見ることはできるが、墓彫像のためにイタリアから彫刻家を招き、墓像を取り囲む鉄製の柵もルネサンス工芸の粋を凝らしたものであった。ヘンリ八世としては、父に勝るとも劣らない墓を求めるのは当然の目標であったのだろう。

ヘンリ八世の墓所は、それまでの王の多くが埋葬されたウェストミンスターではなく、ウィンザー城内の聖ジョージ礼拝堂に設けられた。ヘンリはなぜウェストミンスターではなく、ウィンザー城を選んだのか。しかも、遺言状では、たとえ海外で死んだ場合でも、必ずウィンザーに運んで、そこに埋葬することを指示しており、ウィンザーという場所へのこだわりの強さは明らかである。

ヘンリ八世のウィンザーへの固執。その遺言書の指定には、王朝の正統性を視覚的に示すことが目的のひとつであったことが読み取れる。じつは、ウィンザー城にはこれ以前に埋葬された王がいた。ヘンリ六世とエドワード四世である。ヘンリ八世は、この二人の王の墓を整備し、それと並んで自分の墓をしつらえようとしたのである。

そもそも、ランカスタ朝のヘンリ六世に対してヨーク朝のエドワード四世が王位を主張して戦われたのがばら戦争であった。その戦争を終結させたのがランカスタ朝に連なるテューダー朝であったわけだが、ヘンリ八世がヘンリ六世を称揚するならともかく、「敵方」のエドワード四世をも尊重するのには理由があった。ヘンリ八世の父、ヘンリ七世はエドワード四世の弟リチャード三世を打ち破ってテューダー朝を立てたのだが、リチャード三世は兄エドワードの子どもであるエドワード五世を廃して王位に就いていた。そのため、エドワード四世の妻エリザベス・ウッドヴィルとリチャードは対立関係にあった。ヘンリ七世はこの諍いを利用し、エドワード四世の娘（エドワード五世の姉）エリザベスと結婚することで、ランカスタ家とヨーク家の合同を演出して、その王権を強化したのである。つまり、ヘンリ八世からすれば、エドワード四世は母方の祖父であった。

じつは、テューダー朝は、始祖ヘンリ七世が母方の血統からランカスタ家に連なることを根拠に王位を主張したが、その後はヘンリ七世の妻エリザベスの系譜、すなわちヨーク家の血統を強調する傾向があった。ヘンリ七世とランカスタ家とのつながりがいささか正統性の根拠として弱かったことは周知のことであったので、より明白な母方の系譜を前面に打ち出したともいえる。のちにエリザベス女王の葬儀でも、葬列の紋章旗でこの系譜が強調されている。ヘンリ六世と母方の祖父エドワード四世が眠るウィンザーは、ヘンリ八世の血統を示す格好の場所であったといえるだろう。

もっとも、もっと単純に、ウェストミンスターに、父の立派な霊廟に並べて自らの墓を作るのは何かと不自由を感じたであろうことも想像に難くない。聖ジョージ礼拝堂なら、比較されることを気にせずに、思いのままの墓所を作ることができたはずである。ただ、残念ながら、このヘンリの墓は一七世紀の内戦時に破壊されてしまったため、今日その片鱗すら見ることはできない。ただし、その構想についてはジョン・スピードの『ブリテン史』（一六一一年）に記録が残されている。

それは、一三〇体以上の鍍金された真鍮製の彫像をともなう壮大なモニュメントで、大理石などの高価な石材を惜しみなく使ったものであった。彫像群のハイライトは、ヘンリ自らの等身大の騎馬像で、高くそびえる台の上に安置された。そして周囲には天使像や使徒像などの彫像がひしめくのである。

では、当時の記録にしたがって、その計画を見てみよう。記述に混乱があったり、矛盾や何を意味するのか判然としない部分もあるので、多少整理してまとめたが、その偉容のほどは容易にわかるだろう。

＊　＊　＊

まず、墓が設置される場所の床には、東洋産のアラバスターやさまざまな色彩の多様な石を敷き詰めて、そこにやはり東洋産の石を階段状に二段せり上げる。柱の基礎部は白大理石で作られ、王冠や花冠を捧げ持った天使の像が作り付けられる。天使像の上には、同じく柱の間に一四の窓型枠がしつらえられ、そこに、旧約聖書に基づいて、一四体の［旧約聖書の］預言者の彫像が置かれる。柱は全部で一六本になり、先ほどと同じようにアラバスターなどの上等な東洋産のさまざまな色の石材で作られる。柱の根本と頭頂部は真鍮で作られる。預言者の彫像には、各預言者の名前が刻まれ、足元に天使が一体ずつ添えられる。彫像の上にはおのおの預言者の物語が、おのおの少なくとも八体から一一体の彫像で描かれる。

その柱の上部には、また別の白大理石の基盤があり、やはり見事な東洋産の石材で作られた区画

図 13-2　ヘンリ 8 世の墓の再現図
19 世紀末に描かれたものであるが、墓の一部しか再現されていない。
出典：Hoak, 1995, pp.100, 102 の掲載の図をもとに筆者が修正加筆。

があり、そこには聖書の文言が記される。その基盤の上には新約聖書の物語が、使徒や福音史家、四人の教会博士の像で表現される。各像の足元には、像主の名前を持った子どもの座像がある。

さらに、この子どもたちは、「テューダー家の徽章である」赤と白のバラで満たされた小さな花籠を手にしており、墓の周囲に花をまき散らそうとしている。墓にまき散らしたバラはエナメルと金彩で飾られ、床に散り敷いたバラは白と赤の東洋の石材で作られる。これらの新約像の後ろには、イエス・キリストの生涯が、誕生から昇天まで、鍍金された真鍮で作られ、昇天にいたるキリストの生涯の神秘がはっきりとわかるように、完璧に作られる。

前記の新約の像、キリストの生涯を表す像の上部には、白大理石の台に乗せた二〇人の天使からなる聖歌隊を添える。天使はその手に大きな燭台を持ち、墓へ敬意を払うべく、光を投じている。

これらすべての像や装飾は、教会内で墓が設置される柱間を飾るものである。

前記の教会の飾り付けられた大きな柱の間には、柱の基礎部と同じ高さの白大理石の台座を置き、そこに国王と王妃の墓碑銘と聖書の文言が金文字で記される。その台座の上に黒い石材で墓碑を二つ作る。そこに国王と王妃の像を据えるが、死者としてではなく、眠っているような姿で作る。それは、この高名なる君主が、おおいなる名声を残し、その名前が消え去ることはないからである。そして、いにしえの習慣に沿った王の衣装をまとった姿で横たわっている。

墓碑の上部には、右手に大きな燭台を持ち、国王紋章を掲げた天使像があり、燭台から光を投げかけている。同様に左手にはもう一体の天使が王妃の紋章を掲げ、同じように燭台を持っている。この国王・王妃像の両脇には、二体の天使像が添えられ、人びとに国王と王妃の遺体を指し示している。頭上には神の帳がかかり、手には王と王妃の冠を持っている。

前述の黒石材の二つの墓碑と国王と王妃像の上の天使の間には、彫刻のような高台が置かれ、その側面には聖ジョージの物語が表され、高台の頂部には国王の騎馬像が作られる。王は甲冑を身につけ、生前の似姿である。王の姿はいにしえの習慣に従ったもので、落ち着いた風情で、墓に横たわる［王と王妃の］二つの像を見つめている。

この二つの墓石の両側には、既述のものと同じ東洋産の石材で、片方に二本ずつ、計四本の柱が立てられる。柱には白大理石の基盤があり、聖句を記すための区画が設けられている。これらの柱の四つの基盤には、四体の彫像が作られる。二体は洗礼者ヨハネ、もう二体は聖ジョージである。それらの傍らには先述のようなバラの花を撒く子どもの像が計四体置かれる。

すでに記した国王の騎馬像の上には、白大理石で凱旋門をしつらえる。その凱旋門の上に、白大理石で窓型の枠を作り、さまざまな色の東洋産石材で既述のような模様で飾る。窓型枠の両脇には鍍金された真鍮で洗礼者ヨハネの生涯を描く。窓型枠の高さに、五段の段を、先の柱と同じような東洋産石材で、上段になるほど大きくなるように作る。窓型枠の四隅には四人の高徳の枢機卿の像を作り、おのおのが既述のような燭台を持つ。

段の最上段の一方には、父なる神の像を置き、その左手に国王［ヘンリ八世］の魂を持ち、右手で祝福を与えている。二体の天使が父なる神のマントを捧げ持っている。もう一方には、同じく天使をともなった父なる神が王妃の魂を左手に持ち、右手で祝福を与えている像が置かれる。

床から父なる神の像までの高さは、二八フィートである。この墓碑の幅は一五フィートある。教会の柱の太さは五フィートで、二つの柱の間隔の最大幅は二〇フィートである。一四体の預言者の像はすべて高さ五フィートで、天使像は二フィート半である。二〇本の柱はすべて長さ一〇フィートである。使徒、福音史家、教会博士の像は高さ五フィートで、天使は前述の通りである。同様に合唱隊の天使像は高さ二フィート半で、子どもたちの像も二フィート半である。洗礼者ヨハネと聖ジョージの四体の像、それに壇上の父なる神と天使の像は、五フィートである。

国王の騎馬像は麗しく、馬も大きく作られる。しめて、一三四体の像と四四の物語を描いた彫刻となり、すべて鍍金された真鍮製である。

＊　＊　＊

引用が長くなったが、いかにもヘンリ八世らしい豪壮な計画である。ただ、カトリック時代の墓であれば、諸聖人の像がひしめいてその像様はもっと変化に富んでいたかもしれない。遺言に見られるカトリックの傾向はここではなりを潜め、墓からは聖人像が排され（ただし、イングランドの守護聖人である聖ジョージは別格のようだ）、福音史家や預言者像に限定されており、天使が数多く配されるものの、いささか単調な印象も受ける。もちろん、等身大の自身の騎馬像やそれを祝福する父なる神の像などヘンリらしい自己顕示は明白である。いずれにせよその規模はやや誇大妄想の気味もあり、これを完成させるには相当な資金が必要であったことも容易に理解できる。しかし、王の晩年は、度重なる海外出兵などのために支出がふくらみ、修道院解散によって獲得した莫大な土地財産も、財政の逼迫のために、順次売り払わざるをえなくなっていた。濡れ手に粟で獲得した財産は身に付かないということだろうか。

4　墓のその後

結局、このヘンリの墓は生前には完成することはなかった。墓に備え付ける彫像などは彫り上がったものもあったようだが、それらは聖堂内にそのまま残されることになった。父ヘンリ七世の墓も生前には完成にいたらなかったものの、その後立派に仕上げられている。では、ヘンリ八世の墓はどうか。自分が父の墓を完成させたように、次の王が完成してくれることを期待したことは、遺言状にも「生前に完成しなかった場合は、遺言執行人が完成するよう」求めており、間違いないが、彼の後継者——つまり彼の子どもたち——は誰も父の墓を完成させようとはせず、未完のまま放置した。これは、父への冷たい仕打ちというわけではなく、この壮大な計画を完成させるための莫大な費用がネックとなったのだろう。ヘンリとしては恨むわけにもいかない。なにしろ、遺言には「余の経費負担で（完成させるように）」と書かれてはいるが、実際には、子どもたちに引き渡されたのは火の車の財政状態であったのだから。

このヘンリの未完の墓以降、近世のイングランド国王が自らの墓所を作ることはなかった。エドワード六世も、メアリもエリザベスも、またステュアート朝の国王たちも、自分の墓を豪華にしつらえるということはしていない。皮肉にも、この時期、貴族やジェントルマンに、墓建造ブームが巻き起こったにもかかわらず、国王の墓は作られなかったのである。その理由は、まさにブームのために貴族などが墓の豪華さを競ったため、国王が墓を作るとなると、それ以上のものを作る必要があり、それは経済的にかなりきつかったということである。ただ、エリザベスに関しては、後継のジェイムズ一世が、自らの王位継承の正統性を誇示するために、女王にふさわしい相応の墓を建造し、自らの正統性を喧伝しているが、エドワード六世やメアリなどは、埋葬された場所すらはっきり示されていないという状況である。両ヘンリの立派な墓に比べてあまりの違いに驚かされる。

ともかく、未完のまま放置されたヘンリの墓であるが、先にも触れたように、その後、一七世紀の内乱時にクロムウェルら議会派によって破壊されて部材も売却されてしまった。高価な部材を使ったことが徒になったといえる。ちなみに、石材の一部はのちにネルソン提督の墓に利用されている。その存在感で他の国王を圧倒するヘンリ八世であるが、残念ながら、墓で死後の権威を維持することには失敗したといえる。しかも、新たに埋葬場所として選んだウィンザー城の聖ジョージ教会に、彼の子どもたちが引き続いて埋葬されることもなかった。この教会に次の国王が埋葬されるまで、一世紀もの長い時間を、寂しく（？）待たなくてはならなかったのである。その王とは内乱で処刑されたチャールズ一世であった。チャールズは、処刑後、まさにヘンリ八世の墓所内に埋葬されたのである。隣にやってきたのが、自分の子孫ではなく、王位継承から外したはずのスコットランドの王、しかも斬首された王であったのを見て、ヘンリの魂はさぞや驚いたことだろう。ちなみに、さらに次にこの教会に国王が埋葬されるのは、一九世紀になってからで、ドイツ系のハノーヴァ朝のジョージ三世であった。ヘンリの困惑する顔が目に浮かぶようである。

（指　昭博）

14

描かれたヘンリ
——歴史とフィクションの狭間に生きるイメージ

壮大華麗な墓でその存在を後世まで誇示することはかなわなかったが、ヘンリの強烈な存在感が生み出した「イメージ」（ときとして虚像である）はその後長く、イギリス国王の典型として想起され続けることになった。イギリス国王といえば、当代の国王を別にすれば、ヘンリが、女王といえば、エリザベスが「典型的」イメージとして想起されることが多かったのである。

本章では、ヘンリの死後、そのイメージがどのように国民のなかに生き続けたのかを、絵画や映画などで描かれた姿をたどることで、その実像と虚像の関係を明らかにしていきたい。

図 14-1　ヘンリ 8 世の子どもたち
ヘンリとエドワードを中心に向って左手には、「戦争」を引き連れたメアリと夫フェリペ、右手に「豊穣」を連れたエリザベスを描く。ヘンリからエリザベスへのイングランド繁栄の系譜を強調したエリザベス時代の寓意画。
出典：Lloyd and Thurley, 1990, p.71.

1　映画のなかのヘンリ

われわれに馴染みの深いヘンリのイメージは、やはり映画などに現れたヘンリである。映画に登場するイギリス国王のなかでもその頻度は抜群といえるだろう。しかも、映画という大衆メディアの性格上、現代人が抱くヘンリ八世イメージの形成に大きな役割を果たしたといえる。その嚆矢であり、しかも決定版といえるのが、イギリス映画の歴史を開いたアレクサンダー・コルダ監督の『ヘンリ八世の私生活』（一九三三年）でチャールズ・ロートンが演じたヘンリ像である。映画のストーリーは史実とはかけ離れたものであるが、映画興行の成功もあって、広く人びとのヘンリ像形成に影響を与えることになったといわれる。

この映画のなかで最も有名なのが、宴席においてヘンリが手づかみで肉を食べ、食べ終えた骨を肩越しにぽいぽいと投げ捨てるというシーンである。いかにも勝手放題の暴君といった風であるが、ナチス前夜に作られたこの映画には、海軍増強に努めイギリスを護るヘンリといった、当時のイギリスの置かれた状況を反映した場面もある。まさに英雄的性格と奔放さの混在するヘンリ像の典型といえるだろう。

図14-2　フォックス『殉教者の書』挿絵
出典：Foxe, 1572, p.1201.

ちなみに、多少はヘンリの弁護をしておくなら、当時のイングランドでは、食事の際にフォークなどはまだ用いられていなかったので（フォークは、東方からイタリアに伝わった、当時最新の「道具」で、イングランドではまだ普及していなかった）手づかみで肉を食べるのはごく普通のことであったし、食べ終えた骨などを床に捨てるのは、古代ローマの宴席では普通の「作法」であった。もちろん、肩越しに放り投げるというのは誇張だが。

大きな影響を与えたという点では、フレッド・ジンネマン監督の『わが命つきるとも』(一九六六年)のヘンリとトマス・モア像である。ロバート・ボルトの原作も含めて、ここで描かれたモア像は、その後の歴史家のモア理解まで縛ることになったことが指摘されている。当然、ヘンリのイメージも然りである。知的ではあるが、尊大・非情なヘンリ像は、その後の『一〇〇〇日のアン』(一九六九年)や最近の『ブーリン家の姉妹』(二〇〇八年)にも受け継がれているといえよう。

ヘンリが登場する創作ということであれば、シェイクスピアの最後の戯曲『ヘンリ八世』(ジョン・フレッチャーとの共作)が早い例のひとつだろう。しかし、ヘンリとアンの恋愛をテーマにしているが、筋立てはややとりとめなく、タイトル・ロールのヘンリにしてもその性格付けにあまり個性は感じられない。本書で取り上げてきたヘンリの姿からは別人のようである。ステュアート朝になった後、一六一二年頃の作品である。さすがにテューダー時代、ヘンリの娘のエリザベスが王位にいる間にはこういった作品は難しかったのかもしれないが、劇の最後はエリザベス賛美とジェイムズ一世へのオマージュで締めくくられ、全体に祝祭的な要素が見て取れる。

2　ヘンリの肖像

ヘンリを視覚的に表現することは、その治世当時から始まっている。よく知られるのは、一五三九年の『大聖書』の扉絵に登場するヘンリである。まさにイングランド宗教改革の絵解きの

図 14-3　修道院解散を指揮するヘンリ（ダグデイル『モナスティコン』表紙より）
出典：Dugdale, 1655 の表紙 .

図 14-5　近世イングランドのジェントルマンの屋敷内（19 世紀の再現図）
右手の壁面にヘンリ 8 世の肖像が掲げられている。
出典：Nash, 1839-1849.

ような図像で、ヘンリの神の代理人としての権威が強調される。ヘンリが下賜した英訳聖書が、聖俗の指導者を経て、社会に浸透する様子が描かれ、下段に描かれた民衆は口々に「国王万歳」を唱えている。国王主導の改革をそのまま視覚化した図様である（第4章参照）。

　こうした聖書＝神の言葉を与える存在としてのヘンリ像は、それ以前にも例があるが、同様の図像はその後も再生産された。なかでもエリザベス時代に刊行されたジョン・フォックスの『殉教者の書』の第二版以降に収められた大判のヘンリ像（図14-2）は、イングランド宗教改革を象徴的に描いており、先の『大聖書』扉絵以上に強烈な印象を見るものに与えるだろう。教皇はヘンリに踏みつけられ、助けようとしてるのは、トマス・モアとともにヘンリに楯突いた司教ジョン・フィッシャーである。カトリック教会の誤謬のシンボル、修道士がうろたえ逃げまどっている。もちろんここで描かれている情景は史実そのものではなく、イングランド国教会設立の寓意画である。ヘンリに踏みつけられている教皇はヘンリの離婚を認めなかったクレメンス七世であるが、一五三四年の国教会の設立（国王至上法の成立）時には、すでに死去していたし、ヘンリが傍らに控えるカンタベリ大主教トマス・クランマーが聖書を手渡す図様は一五三五年のカヴァデー

図14-4　バーネット『イングランド宗教改革史』表題頁
出典：Burnet, 1679.

図 14-6　ヒーヴァー城でデートするヘンリとアン・ブリン
出典：Hall, 1845.

図 14-8　修道士を「狩る」ヘンリ 8 世（ベケット『滑稽イギリス史』）
出典：à Beckett, 1847.

ル訳聖書の扉絵や一五三九年の『大聖書』の扉絵の引き写しである。

ヘンリ八世の登場する宗教改革の寓意画としては、死の床にあるヘンリがエドワード六世に改革の続行を指示している姿を描いた作品がよく知られる（第13章、図13-1参照）。かつては王位継承と改革の継承を描いたエドワード時代の作とされてきたが、近年はエリザベス時代に、改革の進展に慎重なエリザベスに対して、いっそうの宗教改革の推進を求めて描かれた作品という見解が出されている。そのように見れば、画中の教皇の描き方などは、『殉教者の書』のパターンを踏襲したものといえるだろう。フォックスも、エリザベスの改革への姿勢に不満を持ち、次第にエリザベスに批判的になったといわれているので、図14-2のようにヘンリ八世の改革を強調することは、エ

図14-7　法廷でのヘンリとキャサリン・オブ・アラゴン
出典：Bowyer, 1793.

図14-9　ジェイン・シーモアに言い寄るヘンリ（ベケット『滑稽イギリス史』）
出典：à Beckett, 1847, p.67.

リザベスへの間接的な批判を意図していたのかもしれない。

　こうした宗教改革の推進者としてのヘンリ像は、その後も繰り返し出版物に登場することになる。堂々と立つヘンリの姿は、そのまま宗教改革のシンボルと化している（図14-3、4）。

3 多彩なヘンリ像

　出版物の挿絵を含め、ヘンリ八世のヴィジュアルな表現の基準となった肖像画としては、ヘンリの宮廷に仕えたハンス・ホルバインの筆になるものがよく知られている。恰幅のよい堂々とした姿である。ヘンリについては若いときの肖像も残っており、もっと細身であったことがうかがえるが、ホルバインの肖像画の印象が強すぎるので、後年、ヘンリの似姿を表現する場合には、この像をもとにした像として描かれることが多かったし、映画などでの扮装も多少の違いはあれ、ホルバイン像が基礎になっていることは間違いない。

　この肖像画は、ヘンリ在世当時から、複数の

出典：Crane, 1875.

図 14-10、図 14-11　ウォルター・クレイン画『青ひげ』(1875)
青ひげ伝説を描く絵本だが、「青ひげ」にはヘンリ８世のイメージが重なる。

写しが作られている。それらのいくつかは現在にまで伝えられているが、興味深いことに、カトリックの貴族などの屋敷に残るものが多いという。国教会の創設者の像がカトリックの屋敷にあるというのは奇妙なように聞こえるかもしれないが、むしろ、その信仰ゆえにヘンリの肖像画を飾ったようである。つまり、カトリックであっても、王への忠誠心は揺るぎないことを示す装置として、ヘンリの肖像が機能したのである（図14-5）。

　こうして、ホルバインに発するヘンリ像は、ヘンリ一個人を超えて、テューダー時代のアイコンとなったといえるが、一九世紀に数多く作られた好古史的な関心に基づくヴィジュアルな出版物でも、ヘンリ（らしき人物）の似姿として登場している（図14-6）。こうした歴史画中のヘンリも、テューダー時代への関心の高さか

図 14-12　信仰とアンを天秤にかけるヘンリ 8 世（エリック・ギル作のシェイクスピア『ヘンリ 8 世』挿絵〔1939〕）
カトリック教徒であったギルは、ヘンリとアンの結婚を悪魔の介入したものと解釈して描いている。
出典：Shakespeare, 1939.

ら、多くの例を見ることができるし、そこにはその時代ごとのヘンリに対する意識や歴史意識が反映しているといえる。

もちろん、歴史書にもヘンリは頻出する。子ども向けのものから大人向けのものまでさまざまであるが、そこに掲載される挿絵は、人びとのヘンリ像を作り上げていくことになる。D・ヒュームのイギリス史に大判の挿絵を添えて刊行された一八世紀末の版で、ヘンリとともに描かれるのは、キャサリン・オブ・アラゴンとの離婚裁判（図14-7）やアン・ブリンの裁判、キャサリン・パーと過ごす晩年のヘンリの姿で、やはり女性関係が中心になっている。

そういった歴史書でも、ホルバインに原型を持つ、威風堂々たるヘンリ像が一般的だが、そんななかで、ベケットの『滑稽イギリス史』のヘンリは異色である（図14-8、9）。本のタイトルからもわかるように、イギリス史を茶化しながら綴った書物で、ジョン・リーチによる挿絵もひと味違う。丸々としたヘンリは、威厳を感じるというよりは滑稽であるが、もはや肖像を超えて記号化（アイコン）されているといってよい。しかも、同書でのヘンリに関する記述は他の王に比べて格段に長く、別格扱いである。書籍の性格からすれば、女性関係など、つっこみどころ満載の王ということであろうし、その「人気ぶり」がうかがえる。

二〇世紀のヘンリのイメージ形成は、最初にも触れたように映画やテレビが主体になっていくが、それらもまた、同時代から連綿と続いてきたヘンリ・イメージの系列に連なるものであることは明らかである。歴史研究によるヘンリ像は二〇世紀に大きく変化したが、意外にその視覚的な表現にまでは大きくは作用していないのかもしれない。何百年にもわたって人びとの脳裏に刻まれたイメージは一朝一夕には変化しないものなのだろう。

威厳、冷酷さ、愛嬌――。悲劇にも喜劇にも仕立てられることが、ヘンリの性格の複雑さを物語っている。この多面性こそが、現代でも歴史家のみならず多くの人びとを引きつけるヘンリの魅力なのである。

（指　昭博）

おわりに――ヘンリ八世という迷宮

ジェローム・K・ジェロームのユーモア小説『ボートの三人男』(一八八九年)のなかで、ヘンリ八世がアン・ブリンとの密会の場所を求めて右往左往する様をユーモラスに描いた印象的な場面がある。もともとはテムズ川沿いの歴史案内として企画されたというこの小説には、多くのイギリス国王の名前が登場するが、コミカルな芝居仕立てになっているのは、ヘンリとアンのエピソードくらいである。やはり、ヘンリの恋愛は稗史の類の格好の素材で、人びとに馴染みの深いエピソードであったことがうかがえる。

個性豊かな国王たちの華やかなエピソードに彩られるテューダー史は、「王朝絵巻」という古風な表現が似つかわしく、人口に膾炙しているということでは、日本の忠臣蔵や太閤記のようなものかもしれない。話の展開はみんな知っているし、結末も周知のことであるが、大河ドラマになれば、自分なりの講釈を述べながら、いろいろとつっこみを入れつつも、楽しんでしまう。

しかし、ヘンリ八世の恋愛の結果は、単なるエピソードに終わるのではなく、イギリス史に大きな影響を与えることになった。テューダー史研究の先達、越智武臣の言葉を引くなら、テューダー史において「史家がまず記憶すべきは、これら親子、異腹の孫たちの織りなす係累もただならぬ複雑な政治絵図」であり、その歴史は「無性格な絶対主義一般の抽象語でよもやおおいつくせるものではない。要するに、これらを考量したうえでの時期区分やその性格づけがおこなわれねばならない」のである（『イギリス史研究入門』一九七三年）。いかにも週刊誌ネタのような下世話な出来事が大きな歴史の流れを作る。そのギャップもまたヘンリ八世の評価を複雑にする理由だろう。

ところで、ヘンリは「偉大な存在」であったか、というシビアな評価となると、現在はその人気に陰りも見えるようだ。BBCが二〇〇二年に放送した「偉大なるイギリス人一〇〇」という、歴史上の人物の人気投票では、ヘンリ八世は四〇位という微妙な順位だった。国王では、ただひとりエリザベス一世が七位でベスト一〇入りしたが、ヴィクトリア女王（一八位）や現エリザベス二世（二四位）にも水を開けられている。ヘンリに処刑されたトマス・モアは三七位で、ヘンリ八世よりも少し上であるのは皮肉だろうか。

ある人物がどのように評価されるかは、その人物だけの問題ではなく、評価する側の意識も強く反映される。時代の雰囲気も重要な要素となるだろう。エリザベス一世の評価が高いのは、スペイン無敵艦隊を破り、「大英帝国の礎」を築いたという（いささか実態とは異なる）イメージが大きく、いまだに帝国の残映から脱し切れていない英国民のノスタルジーを刺激するのだろう。海外進出という面では、ヘンリ八世の関心はヨーロッパ大陸にあり、その海軍の創設も、のちの帝国へ向かうものではなかった。コロンブスの成功に刺激されてカボット父子を北米大陸に派遣した父ヘンリ七世や北米植民地の建設に関心を示したエリザベスとは対照的で、ある意味「古い」のである。いまだに、英国民の多くは、同じEUのヨーロッパよりは、旧帝国（コモンウェルス）に親近感を感じるようだが、そういった傾向がヘンリ評価にも影を落としている、というのは、穿った見方で、こじつけが強すぎるかもしれないが、いつか英国民の目がヨーロッパ大陸に向き、その動向に関心が深まれば、「先駆者」としてのヘンリが再注目されるかもしれない。コルダの映画『ヘンリ八世の私生活』が迫りくるナチスの脅威を反映していたように。

かつてヘンリの大きな「事績」のひとつとして、近代国家の扉を開いたと評価された宗教改革にしても、単純にイギリスの宗教は国教会であると断言できた時代ならともかく、毎週教会の礼拝に出席する人びとに限定すれば、カトリック教徒が最も多いという現実（つまり、国教徒の大部分は教会へ行かない）や、イスラム教徒などキリスト教以外の信者が増えている「多文化状況」にある現在のイギリスからすれば、その評価は自ずと微妙になるだろう。

ひとりの人間としても、個人的な事情で、次々と女性の人生を翻弄していったヘンリに共感を覚える現代人は稀だろう。もはや「英雄色を好む」というのは、ほめ言葉としては死語である。女性史研究の成果を受けて、歴史家の関心は、ヘンリよりはむしろ彼の周囲にいた女性たち（妃や娘たち）に向かっているように思える。ヘンリに振り回されるメロドラマの登場人物としてではなく、たとえばキャサリン・パーに関する研究のように、ひとりの個性をもった人物として、その重要性が見直されている。ヘンリの妻たちを主人公にしたドラマにしても、ヘンリは後景に退き、狂言回しのような役割で、その存在感は意外に希薄である。

さらに、女性関係以外でも、ヘンリ八世の人物像に関しては、本書でも随所で検討されているように、なかなかイメージがつかみにくい。その宗教心、政治的な才覚についても、いまだに議論が絶えない。教養あふれるルネサンス人なのか、音楽を愛し、真情にあふれる手紙を書く繊細な心の持ち主であるのか、それとも、非情で気まぐれな暴君なのか。知れば知るほど、かえって焦点がぼけてくるように思える。おそらくは、そのすべてが混在した、まさに迷宮のような複雑な存在であったのだろう。

しかし、歴史研究としては、そうした毀誉褒貶の激しいヘンリ「個人」の姿にばかり拘泥するのではなく、彼の治世の歴史的な位置付けをもう一度考えてみる必要がある。先にも記したように、近代国民国家への歩みや宗教改革という、ヘンリ時代の成果とされてきたものの限界や破綻、変容が明らかないま、その出発点としてのヘンリ八世を探る意味は小さくないだろう。

（指　昭博）

あとがき

ヨーロッパ史に登場する国王のなかでもヘンリ八世は、その存在感によって、もっともよく知られたひとりだろう。映画やテレビ・ドラマに登場する頻度では、彼に匹敵する人物を想像するのはむずかしい。その冷酷さのイメージと合わせて考えると、日本でいえば、さしずめ織田信長といったところかもしれないが、信長には乏しい「愛嬌」の要素が強いのもヘンリの特徴だろう。信長と秀吉を足して二で割ったような印象だろうか。しかし、巷間の信長や秀吉の人物評価が、英雄から暴君まで幅があるように、ヘンリ八世の人物像も、歴史家による評価も含めて、なかなか焦点が定まらない。

本書は、そうした謎の多いヘンリの人物と彼の治世を、多面的にとらえようという試みである。ただ、個人としてのヘンリの性格やスキャンダルを興味本位で取り上げるのではなく、歴史研究として、その時代の様相を浮かび上がらせることも意識した。読者には意外に思われるかもしれないが、「はじめに」でも触れたように、これまで日本では、ヘンリ八世を直接取り上げた学術研究は少なく、その時代を扱う書物もけっして多いとはいえなかった。微力ながら、本書が新しいヘンリ理解へ向けた出発点になれば幸いである。

本書は、二〇〇九年、昭和堂編集部の松尾有希子さんからのお勧めで始まった。ただ、ヘンリ八世という手強い相手とひとりで勝負することは無謀と思えたので、他のテューダー史研究者の協力を得られるなら、ということでお引き受けさせていただいた。参加をお願いした方々全員から快諾をいただき、企画がスタートしたが、たまたま二〇〇九年はヘンリ八世の即位五〇〇年記念の年であったこともあり、イギリスでは、ヘンリ関連の催しや書籍の刊行もちょっとしたブームになっていたことも幸いしたといえる。少なくとも編者は、ヘンリとその時代について、色々と考えるヒントをもらうことができた。そして、多少の執筆の遅れの結果、本書が現エリザベス二世の即位六〇年記念の年に刊行することができたのも、何かの縁だろう。本書がヘンリ八世という謎に少しでも近づくことができたかどうかについては、読者の皆さんの判断を待ちたい。

二〇一二年四月末日

指　昭博

〈ヘンリ８世関連系図〉

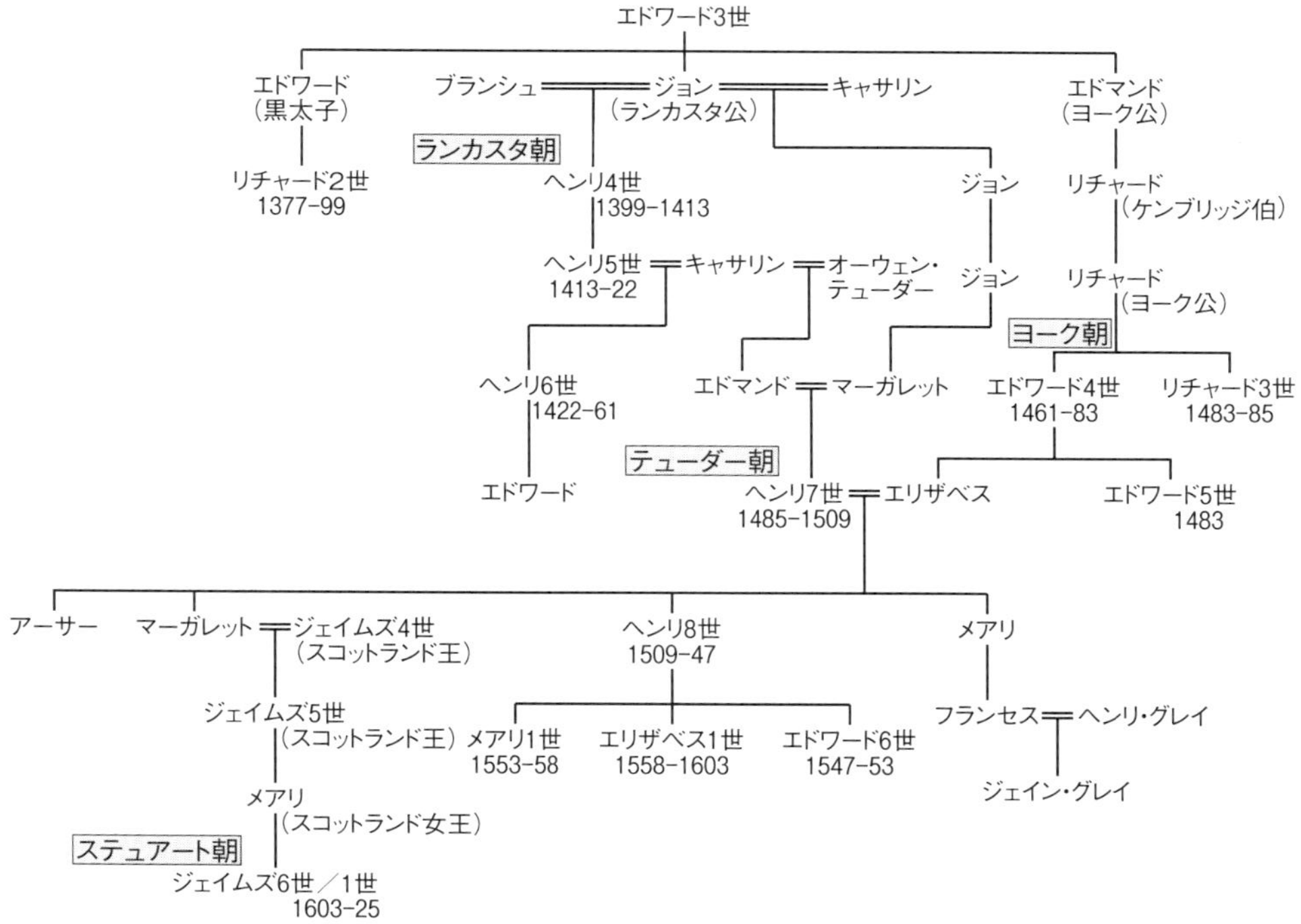
エドワード3世
エドワード（黒太子）
リチャード2世 1377-99
ブランシュ
ジョン（ランカスタ公）
キャサリン
エドマンド（ヨーク公）
ランカスタ朝
ヘンリ4世 1399-1413
ジョン
リチャード（ケンブリッジ伯）
ヘンリ5世 1413-22
キャサリン
オーウェン・テューダー
ジョン
リチャード（ヨーク公）
ヨーク朝
ヘンリ6世 1422-61
エドマンド
マーガレット
エドワード4世 1461-83
リチャード3世 1483-85
テューダー朝
エドワード
ヘンリ7世 1485-1509
エリザベス
エドワード5世 1483
アーサー
マーガレット
ジェイムズ4世（スコットランド王）
ヘンリ8世 1509-47
メアリ
ジェイムズ5世（スコットランド王）
メアリ1世 1553-58
エリザベス1世 1558-1603
エドワード6世 1547-53
フランセス
ヘンリ・グレイ
ジェイン・グレイ
メアリ（スコットランド女王）
ステュアート朝
ジェイムズ6世／1世 1603-25

＊人名下の数字は統治年。

スコットランド
エディンバラ
ヨーク
イングランド
アイルランド
ダブリン
ウェールズ
ロンドン
カレー
ブローニュ
トゥルネー
フランス

参考資料

〈16 世紀のイギリス〉

Beds:ベドフォードシア
Berks:バークシア
Bucks:バッキンガムシア
Cambs:ケンブリッジシア
Derby:ダービシア
Glos:グロスタシア
Hereford:ヘリフォードシア
Herts:ハートフォードシア
Hunts:ハンティンドンシア
Leics:レスタシア
M:ミドルセックス
Mon:モンマスシア
Northants:ノーサンプトンシア
Notts:ノッティンガムシア
Oxon:オクスフォードシア
Rutland:ラトランド
Staffs:スタフォードシア
War:ウォリックシア
Westm:ウェストモーランド
Worcs:ウースタシア

1542	キャサリン・ハワードの処刑。スコットランド軍、ソルウェイ・モスの戦いで敗北、ジェイムズ5世死亡。メアリ・ステュアート即位(～67)
1543	ヘンリ8世、キャサリン・パーと結婚。イングランドとスコットランドとグリニッジ条約締結。「手荒な求婚」。ヘンリ8世とカール5世との対仏同盟成立
1544	イングランド軍、スコットランドに侵入し、リースとエディンバラを一時占領。イングランド軍、ブローニュ占領
1545	イングランド軍、スコットランドに侵入。ワイト島上陸を試みたフランス軍を撃退。ショーラム沖の海戦。トリエント公会議始まる(～1563)
1546	ヘンリ、賠償金によりブローニュ解放を合意(アルドルの和約)。シュマルカルデン戦争（～1547)。ルター死去
1547	ヘンリ8世死去、エドワード6世、9歳で即位（～53)。異端火刑法および6か条法廃止。フランス王アンリ2世即位。寄進礼拝堂解散。スコットランド軍、ピンキーの戦いでイングランド軍に敗北
1548	フランス軍、スコットランドへ進駐
1549	礼拝統一法。統一祈祷書
1550	フランス軍の攻撃により、ブローニュを放棄
1552	改訂版『統一祈祷書』完成。第2礼拝統一法
1553	「42か条」公布。エドワード6世死去、ジェイン・グレイ即位宣言、メアリ1世即位（～58)
1554	メアリ、スペイン王子フェリペ（56年からスペイン王フェリペ2世)と結婚。イングランドの再カトリック化始まる
1556	レジナルド・プール、カンタベリ大司教着任。クランマーの処刑
1558	メアリ1世死去。エリザベス1世即位（～1603)
1559	国王至上法、礼拝統一法（国教会の再確立)。
1603	エリザベス死去。ジェイムズ1世即位(～25)、ステュアート朝開始(イングランドとスコットランドの同君連合)

1520	ヘンリ8世、カレー郊外「金襴の野」でフランス王フランソワ1世と会見
1521	ヘンリ8世、教皇レオ10世より「信仰の擁護者」の称号を受ける
1522	イングランド、フランスに宣戦布告。イングランド軍、フランスへ侵攻、ピカルディを攻撃
1524	ドイツ農民戦争勃発
1525	イングランド、フランスと講和
1526	ティンダル英訳聖書。コニャック同盟
1527	教皇特使法廷開かれる（ヘンリ8世の離婚問題）。神聖ローマ帝国軍によるローマ占領（ローマ掠奪）
1528	ヘンリ8世、カール5世に宣戦布告
1529	ウルジー失脚、大法官解任。トマス・モア大法官着任。宗教改革議会（～36）
1530	ウルジー病没
1531	クロムウェル、枢密院議員となる。シュマルカルデン同盟成立（～47）
1532	初収入税上納仮禁止法
1533	上告禁止法。カンタベリ大司教ウィリアム・ウォーラム死去。クランマー、カンタベリ大司教となり、アン・ブリンとヘンリの秘密結婚を合法と宣言。エリザベス（1世）誕生
1534	国王至上法。カヴァデールの英訳聖書。［アイルランド］キルデアの反乱
1535	トマス・モア処刑
1536	キャサリン・オブ・アラゴン死去（1月）。アン・ブリン処刑。ヘンリ8世、ジェイン・シーモアと結婚。小修道院解散。「恩寵の巡礼」反乱。ウェールズ合同法。王室増加収入裁判所設置。「10か条」制定。ウィリアム・ティンダル処刑。カルヴァン、ジュネーブで宗教改革を開始
1537	王子エドワード誕生。ジェイン・シーモア死去
1538	国王宗教指令
1539	大修道院解散。6か条法。
1540	ヘンリ8世、クレーヴのアンと結婚（1月、7月に離婚）。ヘンリ8世、キャサリン・ハワードと結婚。クロムウェル処刑
1541	ヘンリ8世、アイルランド王を称す（イングランドとアイルランドの同君連合）。ノックス、スコットランドで宗教改革開始

ヘンリ 8 世関連年表

年	事件
1455	ばら戦争（～ 85）
1461	エドワード 4 世即位（～ 70, 71 ～ 83）、ヨーク朝開始
1483	リチャード 3 世即位（～ 85）
1485	ボズワースの戦い。リッチモンド伯ヘンリ即位（ヘンリ 7 世～ 1509）、テューダー朝開始
1486	ヘンリ 7 世とエリザベスの結婚。王子アーサー誕生
1488	［スコットランド］ジェイムズ 3 世殺害され、ジェイムズ 4 世即位
1491	ヘンリ誕生
1494	［アイルランド］ポイニングズ法の実施
1496	パーキン・ウォーベックの反乱
1497	コーンウォルの反乱。カボット、ニューファンドランド到達
1499	ウォーベックとウォリック伯の処刑。エラスムス訪英
1501	アーサーとキャサリン・オブ・アラゴンの結婚
1502	アーサー死去。イングランドとスコットランド「永久の和平」結ぶ
1503	ジェイムズ 4 世とヘンリ 7 世の王女マーガレットとの結婚
1509	ヘンリ 8 世即位（～ 47）、兄嫁キャサリンと結婚
1511	イングランド軍、ムーア人との戦いに参戦するためスペイン遠征。ネーデルラント摂政マルグリット支援のためイングランド軍を派遣
1512	イングランド軍、フランス侵攻のため北部スペインへ遠征
1513	イングランド軍、フランス侵攻、テルアンヌとトゥルネーを占領。スコットランド軍、イングランドへ侵攻、フロッドンの戦いが起こる。ジェイムズ 4 世戦死。ジェイムズ 5 世即位
1514	イングランド、フランスと講和。王妹メアリとフランス王ルイ 12 世の結婚。ロンドン商人リチャード・ハン、ロラード塔内にて変死体で発見
1515	ウルジー、大法官、枢機卿となる
1516	メアリ（1 世）誕生。トマス・モア『ユートピア』
1517	ルターの宗教改革開始
1518	ロンドン条約締結
1519	カール 5 世、神聖ローマ皇帝に

Lloyd, Christopher and Simon Thurley (eds.), *Henry VIII : Image of a Tudor King*, Oxford, 1990.

Macnamara, Francis (ed.), *Miscellaneous Writings of Henry VIII*, Waltham St Lawrence, 1924.

Sandford, Francis, *A Genealogical History of the Kings of England, and Monarchs of Great Britain, Anno 1066 to the Year 1677*, London, 1677.

Speed, John, *The History of Great Britain*, London, 1611.

(描かれたヘンリ)

à Beckett, Gilbert Abott, *The Comic History of England*, London, 1847.

Bowyer, Robert (ed.), *David Hume's The History of England: From the Invasion of Julius Caesar to the Revolution in 1688*, London, 1793.

Burnet, Gilbert, *The History of the Reformation of the Church of England*, London, 1679.

Crane, Walter, *Blue Beard*, 1875.

Doran, Susan and Thomas S. Freeman (eds.), *Tudors and Stuarts on Film: Historical Perspectives*, Basingstoke, 2009.

Dugdale, William, *Monasticon Anglicanum*, London, 1655.

Foxe, John, *Actes and Monuments*, 2nd ed., London, 1572.

Hall, S.C., *The Baronial Halls and Picturesque Edifices of England*, London, 1845.

Lloyd, Christopher and Simon Thurley (eds.), *Henry VIII: Image of a Tudor King*, Oxford, 1990.

Nash, Joseph, *The Mansions of England in the Olden Times*, London, 1839-1849.

Rankin, Mark, Christopher Highley and John N. King (eds.), *Henry VIII and His Afterlives: Literature, Politics, and Art*, Cambridge, 2009.

Shakespeare, William / Eric Gill (illust.), *Henry the Eighth*, Limited Editions Club, 1939.

島の歴史六　16 世紀　1485–1603 年』慶應義塾大学出版会、2010 年。
Anglo, Sydney, *Spectacle, Pageantry and Early Tudor Policy*, Oxford, 1997.
Dawson, Jane E., *Scotland Re-Formed 1488-1587*, Edinburgh, 2007.
Donaldson, Gordon, *Scotland James V to James VII*, Edinburgh, 1990 (first published in 1965).
Guy, John, *Tudor England*, Oxford, 1988.
Herman, Peter F. (ed.), *Rethinking the Henrician Era: Essays on Early Tudor Texts and Contexts*, Urbana, 1994.
Lynch, Michael, *Scotland: A New History*, London, 1991.
Macdougall, Norman, 'The Kingship of James IV of Scotland', *History Today*, vol.34 (1984, November), pp.30-36.
Merriman, Marcus, *The Rough Wooings: Mary Queen of Scots 1542-1551*, East Linton, 2000.
Richardson, Glenn, *Renaissance Monarchy: The Reigns of Henry VIII, Francis I and Charles V*, London, 2002.
Starkey, David (ed.), *Henry VIII: A European Court in England*, Greenwich, 1991.

(ヘンリ八世とアイルランド)

山本正『「王国」と「植民地」——近世イギリス帝国のなかのアイルランド』思文閣出版、2002 年。
Bradshaw, Brendan, *The Irish Constitutional Revolution of the Sixteenth Century*, Cambridge, 1979.
Ellis, Steven G., *Ireland in the Age of the Tudors, 1447-1603: English Expansion and the End of Gaelic Rule*, London, 1998.
Lennon, Colm, *Sixteenth-Century Ireland: The Incomplete Conquest*, Dublin, 1994.

(ヘンリの死と墓)

指昭博「モニュメントと宗教改革——聖堂の世俗化の一側面」『非日常空間の発見』神戸市外国語大学 外国学研究 35、1996 年。
指昭博「近世イングランドの国王葬儀——エリザベス 1 世の葬列を中心に」江川溫・中村生雄編『死の文化誌——心性・習俗・社会』昭和堂、2002 年。
Hoak, Dale (ed.), *Tudor Political Culture*, Cambridge, 1995.

Richardson, Glenn, *Renaissance Monarchy: The Reigns of Henry VIII, Francis I and Charles V*, London, 2002.
Sandford, F., *A Genealogical History of the Kings of England, and Monarchs of Great Britain, Anna 1066 to the Year 1677*, 1677.
Starkey, D. and C. Coleman (eds.), *Revolution Reassessed: Revisions in the History of Tudor Government and Administration*, Oxford, 1986.

(外交)

エルトン、G・R（越智武臣訳）『宗教改革の時代』みすず書房、1973年。
越智武臣『近代英国の起源』ミネルヴァ書房、1966年。
近藤和彦編『岩波講座世界歴史16　主権国家と啓蒙』岩波書店、1999年。
髙梨久美子「神聖ローマ帝国大使の見たヘンリー八世の離婚問題」『お茶の水史学』第49号、2004年。
ロバーツ、J・M（鈴木董監修）『図説世界の歴史6　近代ヨーロッパ文明の成立』創元社、2003年。
Anderson, M. S., *The Rise of Modern Diplomacy, 1450-1919*, London, 1993.
Bell, G. A., *Handlist of British Diplomatic Representatives, 1509-1688*, London, 1990.
Brawne, R. (ed.), *Calendar of State Papers and Manuscripts Relating to English Affairs in Venice and Other Libraries in Northern Italy*, London, 1864-1898.
Gayangos, S. P. (ed.), *Calendar of Letters, Papers and State Papers, Relating to England and Spain*, Cambridge, 1882.
Gairdener, J. (ed.), *Calendar of Letters and Papers, Foreign and Domestic, of the Reign of Henry VIII*, London, 1882-1897.
Koenigsberger, H. G., *Europe in the Sixteenth Century*, London, 1968 (1989).
Lockhart, Ann (ed.), *King Henry VIII*, Hampshire, 1993.
MacCulloch, D. (ed.), *The Reign of Henry VIII*, Basingstoke / London, 1995.
Mattingly, G., *Renaissance Diplomacy*, New York, 1955.
Starkey, David and Susan Doran (eds.), *Henry VIII: Man and Monarch*, London, 2009.

(ヘンリ八世とスコットランド)

コリンソン、パトリック編（井内太郎監訳）『オックスフォード　ブリテン諸

Bernard, G. W., *The King's Reformation, Henry VIII and the Remaking of the English Church*, New Haven, 2005.
Dugdale, William, *Monasticon Anglicanum*, 1846 ed.
Loades, David (ed.), *The Tudor Chronicles: The Kings*, New York, 1990.

(反乱)

大野真弓「イギリス絶対主義時代の反乱――北部地方の反乱について」『横浜市立大学論叢人文科学系列』第 24 巻第 2・3 号、1973 年。
楠義彦「イングランド北部諸州の乱と『コモンウェルス』」『東北学院大学論集　歴史と文化』第 46 号、2010 年、89-107 頁。
富岡次郎『イギリス農民一揆の研究』創文社、1965 年。
水井万里子「エクセタ市と西部反乱――16 世紀中葉のイングランド西部地域」『西洋史学』第 193 号、1994 年。
ラヴジョイ、A・O（内藤健二訳）『存在の大いなる連鎖』晶文社、1975 年。
Bush, M. L., *The Pilgrimage of Grace: A Study of the Rebel Armies of October 1536*, Manchester, 1996.
Bush, M. L., *The Pilgrims' Complaint: A Study of Popular Thought in the Early Tudor North*, Farnham, 2009.
Dodds, M. H. and R. Dodds, *The Pilgrimage of Grace 1536-1537 and The Exeter Conspiracy 1538*, Cambridge, 1915.
Elton, G. R., 'Politics and the Pilgrimage of Grace', in G. R. Elton, *Studies in Tudor and Stuart Politics and Government*, vol.3, London, 1983, pp.183-216.
Fletcher, A. and D. MacCulloch, *Tudor Rebellions*, 4th ed., London, 1997.

(戦争)

井内太郎『一六世紀イングランド行財政史研究』広島大学出版会、2006 年。
コリンソン、パトリック編（井内太郎監訳）『オックスフォード　ブリテン諸島の歴史六　16 世紀　1485 年–1603 年』慶應義塾大学出版会、2010 年。
Bonney, R. (ed.), *Economic Systems and State Finance*, Oxford, 1995.
Bonney, R. (ed.), *Crises, Revolutions and Self-Sustained Growth. Essays in European Fiscal History, 1130-1830*, Stamford, 1999.
Hoyle, R., 'War and Public Finance', in D. MacCullock (ed.), *The Reign of Henry VIII: Politics, Polity and Piety*, Basingstoke / London, 1995.

1485-1603, London, 1985.
Jones, N., 'Parliament and the Political Society of Elizabethan England', in D. Hoak (ed.), *Tudor Political Culture*, Cambridge, 1995.
Loach, J., 'Parliament: A "New Air"?', in C. Coleman and D. Starkey (eds.), *Revolution Reassessed*, Oxford, 1986.
Scarisbrick, J. J., *Henry VIII*, London, 1968.

(儀礼)

井内太郎『一六世紀イングランド行財政史研究』広島大学出版会、2006 年。
エリアス、ノベルト（赤井慧爾ほか訳）『文明化の過程（上）（下）』法政大学出版会、1977・1978 年。
カントーロヴィチ、エルンスト・H（小林公訳）『王の二つの身体』平凡社、1992 年。
指昭博編『王はいかに受け入れられたか』刀水書房、2007 年。
仲丸英起『名誉としての議席――近世イングランドの議会と統治構造』慶應義塾大学出版会、2011 年。
ブロック、マルク（井上泰夫・渡邉昌美訳）『王の奇跡』刀水書房、1998 年。
Hoak, Dale, *Tudor Political Culture*, Cambridge, 1995.
Samman, N., 'The Progresses of Henry VIII, 1509-1529', in D. MacCullock (ed.), *The Reign of Henry VIII: Politics, Polity and Piety*, Basingstoke / London, 1995.
Sharpe, K., *Selling the Tudor Monarchy: Authority and Image in Sixteenth-Century England*, New Haven / London, 2009.
Starkey, D. (ed.), *The English Court: From the Wars of the Roses to the Civil War*, London, 1987.

(宗教と教会)


指昭博『イギリス宗教改革の光と影――メアリとエリザベスの時代』ミネルヴァ書房、2010 年。

半田元夫『イギリス宗教改革の歴史』小峯書店、1967 年。

八代崇『イギリス宗教改革史研究』創文社、1979 年。

八代崇『イングランド宗教改革史研究』聖公会出版、1993 年。

山本信太郎『イングランド宗教改革の社会史――ミッド・テューダー期の教区教会』立教大学出版会、2009 年。

Four Years at the Court of Henry VIII. Selection of Dispatches Written by the Venetian Ambassador, Sebastian Giustinian, trans. Rawdon Brown, vol. I, London, 1854.
Guy, John, *Tudor England*, Oxford, 1988.
Hayward, Maria (ed.), *Dress at the Court of King Henry VIII*, Leeds, 2007.
Herman, Peter F. (ed.), *Rethinking the Henrician Era: Essays on Early Tudor Texts and Contexts*, Urbana, 1994.
King, John N., 'Henry VIII as a David: The King's Image and Reformation Politics', in Peter F. Herman (ed.), *Rethinking the Henrician Era: Essays on Early Tudor Texts and Contexts*, Urbana, 1994.
Letters and Papers, Foreign and Domestic of the Reign of Henry VIII, eds. J. S. Brewer, J. Gardiner and R. H. Brodie, vol. IV-part III, 1876.
Lipscomb, Suzannah, 'Who was Henry VIII and When did it All Go Wrong', *History Today*, vol. 54 (2009, April), pp.14-20.
Richardson, Glenn, *Renaissance Monarchy: The Reigns of Henry VIII, Francis I and Charles V*, London, 2002.
Starkey, David (ed.), *Henry VIII: A European Court in England*, Greenwich, 1991.

(議会)

井内太郎「エルトンとテューダー朝史研究」『広島大学大学院文学研究科論集』第 61 巻、2001 年。
北野かほる「初期のイングランド議会 (一) (二) ――下院の成立をめぐって」『法学〈東北大学〉』第 45 巻第 3 号・第 4 号、1981 年。
城戸毅「イギリスにおける代議制と議会制」『岩波講座世界歴史 11』岩波書店、1970 年。
仲丸英起『名誉としての議席――近世イングランドの議会と統治構造』慶應義塾大学出版会、2011 年。
Dean, D. M., 'Parliament and Locality from the Middle Ages to the Twentieth Century', *Parliamentary History*, 17, 1998.
Elton, G. R., 'Tudor Government: The Points of Contact. I. The Parliament', in G. R. Elton, *Studies in Tudor and Stuart Politics and Government*, vol.3, London, 1983.
Graves, M. A. R., *The Tudor Parliaments: Crown and Lords and Commons,*

Starkey, D., *The Reign of Henry VIII*, London, 1992.

(音楽：参考 CD)

Great Music from the Court of Henry VIII / Alamire : The Gift of Music（「ヘンリ８世写本」集。本格派声楽陣主体。楽器はリュートと鍵盤楽器のみ）

Henry's Music・Motets from a Royal Choirbook / Alamire : OBSIDIAN（図 2-1 の献呈譜作品とヘンリの作品など。宗教曲・世俗曲を多彩な楽器と共に）

Music for Tudor Kings・Henry VII & Henry VIII / The Hilliard Ensemble : alto（初期テューダー朝の世俗声楽曲を手だれのヒリアード・アンサンブルの演奏で）

Music from the Reign of Henry VIII / Trinity Baroque 他 : Griffin（「ヘンリ八世写本」作品および同時代の大陸の作品を歌と多彩な楽器で）

Robert Fayrfax・The Masses / The Cardinall's Musick : Gaudeamus（当時のチャペル・ロイヤル筆頭格フェアファクスのミサ曲集３枚組。分売あり）

Tallis・Latin Church Music / Taverner Consort & Choir : Virgin Veritas（ヘンリからエリザベスまで４人の君主に仕えたタリスのラテン語宗教曲傑作選）

Taverner・Missa Mater Christi / Christ Church Cathedral Choir : Nimbus（オクスフォードで活躍したタヴァナーのミサ曲を使って当時のミサ全体を再現）

The Complete Music of Henry VIII・All Goodly Sports / Sirinu : CHANDOS（ヘンリの作品全集。多彩な楽器を駆使してメランコリックな雰囲気を）

The Field of Cloth of Gold / Musica Antiqua of London : AMON RA（16 世紀初頭の英仏世俗作品。《良き友との気晴らし》と似たシャンソンも収録）

William Cornysh・Stabat Mater / The Tallis Scholars : Gimell（当時のチャペル・ロイヤル少年聖歌隊員監督コーニッシュの宗教・世俗作品集）

(ルネサンス君主)

コリンソン、パトリック編（井内太郎監訳『オックスフォード　ブリテン諸島の歴史六　16 世紀　1485-1603 年』慶應義塾大学出版会、2010 年。

Anglo, Sydney, *Spectacle, Pageantry and Early Tudor Policy*, Oxford, 1997.

The Correspondence of Erasmus, eds. R. A. B. Mynors and D. F. S. Thomson, vol. I, vol. II, Toronto / Buffaro, 1974.

Calendar of State Papers and Manuscripts Relating to English Affairs Existing in the Archives and Collections of Venice, ed. Rawdon Brown, vol. II, vol. III, London, 1867-1873.

参考文献

(はじめに・ヘンリ8世の六人の妻)

岩井淳・指昭博編『イギリス史の新潮流――修正主義の近世史』彩流社、2000年。

指昭博『イギリス宗教改革の光と影――メアリとエリザベスの時代』ミネルヴァ書房、2010年。

James, Susan E., *Katheryn Parr: The Making of a Queen*, Aldershot, 1999.

Lipscomb, Suzannah, *1536: The Year that Changed Henry VIII*, Oxford, 2009.

Lloyd, Christopher and Simon Thurley (eds.), *Henry VIII: Image of a Tudor King*, Oxford, 1990.

Loades, David (ed.), *The Tudor Chronicles: The Kings*, New York, 1990.

Marshall, Rosalind, *Mary I*, London, 1993.

Richards, Judith M., *Mary Tudor*, London, 2008.

Scarisbirck, J. J., *Henry VIII*, London, 1968.

Starkey, David and Susan Doran (eds.), *Henry VIII: Man and Monarch*, London, 2009.

(宮廷)

井内太郎『一六世紀イングランド行財政史研究』広島大学出版会、2006年。

エリクソン、キャロリー(加藤弘和訳)『アン・ブリンの生涯』芸立出版、1990年。

スターキー、デイヴィッド(香西史子訳)『エリザベス　女王への道』原書房、2006年。

フレイザー、アントーニア(森野聡子ほか訳)『ヘンリー八世の六人の妃』創元社、1999年。

Richardson, Glenn, *Renaissance Monarchy: The Reigns of Henry VIII, Francis I and Charles V*, London, 2002.

Starkey, D. (ed.), *The English Court: From the Wars of the Roses to the Civil War*, London, 1987.

ボーズ、ロバート（Bowes, Robert, c.1495-1554） 125, 127-8
ホール、エドワード（Hall［Halle］, Edward, c.1498-1547） 57-8, 63
ホルバイン、ハンス（Holbein, Hans, the Younger, c.1497-1543） 6, 19, 81, 220

ま行

マーガレット・テューダー（Margaret Tudor, 1489-1541） 141, 170-1, 197
マクシミリアン1世（Maximillian Ⅰ, 1459-1519） 139, 155
マドレーヌ［フランソワ1世の娘］（Madeleine, 1520-1537） 174
マリー［ギーズの］（Mary of Guise, 1515-1560） 19, 142, 174
マリヤック、シャルル（Marillac, Charles, 1501-1560） 163, 165
メアリ1世（Mary Ⅰ, 1516-1558） 11, 14, 17-8, 21, 23-4, 26, 118, 173, 197, 210
メアリ［スコットランド女王］（Mary, Queen of Scots, 1542-1587） 142, 175-6, 179, 197
メアリ・テューダー（Mary, Queen of France, 1496-1533） 155, 176
メイジャ［メア］、ジョン（Major［Mair］, John, 1467-1550） 170
メーモ、ディオニジオ（Memo, Dionisio, fl.1507-1539） 61
メディチ、コジモ・デ［大コジモ］（Cosimo de' Medici, 1389-1464） 46
メランヒトン、フィリップ（Melanchthon, Philipp, 1497-1560） 120
モア、トマス（More, Thomas, 1478-1535） 5, 75, 113, 215, 217, 226

や・ら行

ユリウス２世（Julius Ⅱ, 1443-1513） 13, 202
ヨハン・フリードリヒ［ザクセン選帝侯］（Johann Friedrich, 1503-1554） 118
リドゲイト、ジョン（Lydgate, John, c.1370-c.1451） 137
リナカ、トマス（Linacre, Thomas, c.1460-1524） 73
ルイ12世（Louis Ⅻ, 1462-1515） 77, 155, 171
レオ10世（Leo X, 1475-1521） 122, 138, 140
ロバート1世（Robert I, 1274-1329） 169

パーシー、ヘンリ（ノーサンバランド伯［第６代］, Percy, Henry, 6th Earl of Northumberland, 1502-1537）
ハートフォード伯(エドワード・シーモア, Seymour, Edward, Earl of Hertford, 1st Duke of Somerset, c.1500-1552)　17, 121, 165, 177, 199
—→サマセット公
パウルス3世（Paulus Ⅲ, 1468-1549）160
ハドリアヌス4世(Adrian Ⅳ, c.1100-1159)　188
バルビロー、ヤコブス（Barbireau, Jacobus, 1455-1491）　64
ハン、リチャード（Hunne, Richard, ? -1514）　110
ヒーゼヘム、ハイネ・ファン（Ghizeghem, Hayne van, c.1445-before 1497）　64
ピーチャム、ヘンリ（Peacham, Henry, 1578-c.1644）　60
ビートン卿(ディビッド・ビートン, Beaton, David, c.1495-1547)　175-7
ビュデ、ギヨーム（Budé, Guillaume, 1467-1540）　72
ビュノワ、アントワーヌ（Busnoys, Antoine, c.1430-1492）　64
ヒルジ、ジョン（Hilsey, John, ?-1539）　119
ファン・ヴィルデル、フィリップ（Van Wilder, Philip, c.1500-1553）　61
フィッツロイ、ヘンリ（FitzRoy, Henry, 1519-1536）　13, 16
フィレルフォ、フランチェスコ（Filelfo, Francesco, 1398-1481）　46
プール、レジナルド（Pole, Reginald, 1500-1558）　118
フェアファクス、ロバート（Fayrfax, Robert, 1464-1521）　63
フェデリコ2世（Federico Ⅱ, 1500-1540）　164
フェルナンド2世(Fernando Ⅱ, 1452-1516)　139, 153, 155
フォーテスキュー、ジョン(Fortescue, John, c.1394-1480)　46
フォックス、ジョン（Foxe, John, 1517-1587）　52, 217, 219
フランソワ1世（Françis I, 1494-1547）　49, 72, 79, 136, 140, 153, 155, 158, 160, 165, 168, 174
フランソワ王子[後のフランソワ２世]（François, 1544-1560）　178-9
ブリン、トマス（Boleyn, Thomas, Viscount Rochford, Earl of Wiltshire, 1477-1539）　166
ベルメイン、ジャン（Belmain, Jean, ?-after 1557）　121
ヘンリ2世（Henry Ⅱ, 1122-1189）　2, 188
ヘンリ6世（Henry Ⅵ, 1421-1471）　99, 203-4
ヘンリ7世（Henry Ⅶ, 1457-1509）　1-4, 13, 56, 77, 99, 185, 204, 226

サマセット公(エドワード・シーモア,
Seymour, Edward, 1st Duke of Somerset, c.1500-1552) 178
シーモア、トマス(Seymour, Thomas, c.1508-1549) 24, 27
シェイクスピア、ウィリアム (Shakespeare, William, 1564-1616) 59, 215
ジェイムズ4世 (James Ⅳ of Scotland, 1473-1513) 140-1, 170-2, 179
ジェイムズ5世 (James Ⅴ of Scotland, 1512-1542) 142, 172-4, 179
ジェイン・グレイ (Grey, Jane, 1536/1537-1554) 18, 27-8
ジェイン・シーモア (Seymour, Jane, c.1508-1537) 7, 16-8, 54, 121, 201-2
シャピュイ、ユータシュ (Chapuys, Eustache, c.1490-1556) 162
シャルル8世 (Charles Ⅷ, 1470-1498) 152
シュルズベリ伯[第4代](ジョージ・タルボット, Talbot, George, 4th Earl of Shrewsbury, 1468-1538) 127
スケルトン、ジョン (Skelton, John, c.1460-1529) 47, 73
スフォルツァ、フランチェスコ (Sforza, Francesco Ⅱ, 1466-1519) 160
スミートン、マーク (Smeaton, Mark, c.1512-1536) 61
セントリジャー、アンソニー (St. Leger, Sir Anthony, c.1496-1559) 187-90

た行

ダーシー男爵[初代](トマス・ダーシー, Darcy, Thomas, 1st Baron of Darcy, 1468-1537) 125, 127, 129, 132
タリス、トマス (Tallis, Thomas, c.1505-1585) 63
ダンバー、ウィリアム (Dunbar, William, c.1460-before 1530) 170
チーク、ジョン (Cheke, John, 1514-1557) 121
ディニー、アンソニー (Denny, Anthony, 1501-1549) 148
ティンダル、ウィリアム (Tyndale, William, c.1494-1536) 120
デニス、ヒュー(Denys, Hugh, c.1440-1511) 99-100

な・は行

ノーフォーク公[第3代](トマス・ハワード, Howard, Thomas, 3rd Duke of Norfolk, 1473-1554) 22, 118, 127-9, 199
ノリス、ヘンリ(Norris, Henry, c.1482-1536) 50, 52, 55, 101
パーシー、イングラム (Percy, Ingram, 1506-1538) 130
パーシー、トマス (Percy, Thomas, 1504-1537) 130

1524)　61
オファリ卿（トマス・フィッツジェラルド，Fitzgerald, Thomas, Lord Offaly, 10th Earl of Kildare, 1513-1537)　187

か行

ガードナー、スティーヴン（Gardiner, Stephen, c.1497-1555)　6, 26, 81, 114, 118
カール5世（Karl V, 1500-1558)　11, 14, 113, 136, 141, 153-4, 158, 174
カヴァデール、マイルス（Coverdale, Miles, c.1488-1569)　66, 81, 120, 217
カヴェンディッシュ、ジョージ（Cavendish, George, 1494-c.1562)　59
カクストン、ウィリアム（Caxton, William, c.1422-1492)　137
カンペッジョ、ロレンツォ（Campeggio, Lorenzo, 1472-1539)　164
キャサリン・オブ・アラゴン（Catherine of Aragon, 1487-1536)　2, 10, 12, 15, 17, 24-5, 52, 57, 80, 113, 132, 159, 197, 222
キャサリン・パー（Catherine Parr, 1512-1548)　23, 25, 27-8, 202, 222, 227
キャサリン・ハワード（Catherine Howard, c.1518/1524-1542)　21-2, 28
キルデア伯［第8代］（ジェラルド・フィッツジェラルド, Fitzgerald, Gerald, 8th Earl of Kildare, 1456-1513)　185
キルデア伯［第9代］（ジェラルド・フィッツジェラルド, Fitzgerald, Gerald, 9th Earl of Kildare, 1487-1534)　187
クランマー、トマス（Cranmer, Thomas, 1489-1556)　14, 26, 54-5, 114, 118, 120, 132, 217
クレメンス7世（Clemens Ⅶ, 1478-1534)　113, 159, 217
クロムウェル、トマス（Cromwell, Thomas, c.1485-1540)　4-6, 20, 22, 53-4, 81, 89-91, 93, 113, 118, 120, 124, 132, 143, 160
コーニッシュ、ウィリアム（Cornysh, William, 1465-1523)　63, 65
コックス、リチャード（Cox, Richard, c.1500-1581)　121
コルダ、アレクサンダー（Korda, Alexander, 1893-1956)　213, 227
コンプトン、ウィリアム（Compton, William, c.1482-1528)　100

さ行

サフォーク公［初代］（チャールズ・ブランドン, Brandon, Charles, 1st Duke of Suffolk, 1484-1545)　127

索引

あ行

アーサー（Arthur, Prince of Wales, 1486-1502）　1-2, 12, 73, 76
アウグスティヌス[オーガスティン]（Augustinus, d.604）　108
アスク、ロバート（Aske, Robert, 1500-1537）　125, 127-9
アルベルティ、レオン・バティスタ（Alberti, Leon Battista, 1404-1472）　46
アン・アスク（Askew, Anne, c.1520-1546）　26
アン[クレーヴの]（Anne of Cleves, c.1515-1557）　20, 60, 120, 202
アン・ブリン（Boleyn, Anne, c.1501/1507-1536）　7, 12, 14-5, 21, 28, 30, 51, 54, 59, 80, 88, 114, 118, 160, 164, 218, 222
アンガス伯[第6代]（アーチボルド・ダグラス, Douglas, Archibald, 6th Earl of Angus, 1489-1557）　172
イザーク、ヘンリクス（Isaac, Henricus, c.1450-1517）　64
ウィクリフ、ジョン（Wyclif, John, c.1328-1384）　111
ウェルシュ、ウォルター（Walsh[Welche], Walter, fl.1530）　37-8, 50, 53
ウォラム、ウィリアム（Warham, William, c.1450-1532）　114
ウルジー、トマス（Wolsey, Thomas, c.1473-1530）　3, 34, 38, 40, 49-53, 59, 88-9, 101, 112, 116, 140, 146, 155, 158, 166
エドワード4世（Edward Ⅳ, 1442-1483）　44, 76, 203-4
エドワード6世（Edward Ⅵ, 1537-1553）　17-8, 25, 115, 119, 121, 144, 175-6, 178, 197-8, 210, 219
エラスムス、デシデリウス（Erasmus, Desiderius, 1466-1536）　72, 75-6
エリザベス1世（Elizabeth Ⅰ, 1533-1603）　15, 24, 26, 67, 90, 187, 191, 197, 210, 215, 226
エリザベス[ヨークの]（Elizabeth of York, 1466-1503）　1, 204
オールバニ公（ジョン・ステュアート, Stewart, John, 2nd Duke of Albany, c.1484-1536）　173
オジアンダ、アンドレアス（Osiander, Andreas, 1498-1552）　114
オピツィイス、ベネディクトゥス・デ（Opitiis, Benedictus de, c.1476-

主な業績として、『イングランド宗教改革の社会史　ミッド・テューダー期の教区教会』（立教大学出版会，2009年）、「ブリテンにおける1534年と1560年――二つの宗教改革による新たな連携と断絶」（富田理恵と共筆）森田安一編『ヨーロッパ宗教改革の連携と断絶』（教文館，2009年）など。

山本　正（やまもと・ただし）
大阪大学大学院文学研究科博士課程単位取得満期退学。現大阪経済大学経済学部教授。博士（文学，大阪大学）。
主な業績として、『「王国」と「植民地」――近世イギリス帝国のなかのアイルランド』（思文閣出版，2002年）、『イギリスの歴史――帝国＝コモンウェルスのあゆみ』（共著，有斐閣，2000年）、『ジェントルマンであること――その変容とイギリス近代』（編著，刀水書房，2000年）など。

髙梨久美子（たかなし・くみこ）

お茶の水女子大学大学院人間文化研究科博士課程単位取得満期退学。

主な業績として、「1543年のカール5世とヘンリ8世との対仏同盟交渉過程」（『人間文化創成科学論叢』第14巻，お茶の水女子大学，2011年）、「神聖ローマ帝国大使の見たヘンリー八世の離婚問題――Eustache Chapuysの書簡を用いて」（『お茶の水史学』第49号，2005年）など。

仲丸英起（なかまる・ひでき）

慶應義塾大学大学院文学研究科博士課程修了。現慶應義塾大学他非常勤講師。博士（史学，慶應義塾大学）。

主な業績として、『名誉としての議席――近世イングランドの議会と統治構造』（慶應義塾大学出版会，2011年）、「ある下院議員の生涯――エリザベス期『ピューリタン』ピーター・ウェントワースの再検討」（『ピューリタニズム研究』第4号，2010年）、「近世イングランド議会史像をめぐって――エリザベス治世期を中心に」（『歴史学研究』第845号，2008年）など。

那須輝彦（なす・てるひこ）

ケンブリッジ大学大学院音楽学専攻修士課程修了。現青山学院大学文学部比較芸術学科教授。

主な業績として、「中世音楽研究――その足跡と現状」（『西洋中世研究』第1号，2009年）、「中世の音程論を再考する――コンソナンツィアの意味の変転にみる音楽理論の展開」（『音楽学』第53巻第1号，2007年）、「エリザベス朝主教座聖堂の音楽事情――British Library, MS Royal 18B.XIX 第2章から見えてくるもの」（『礼拝音楽研究』第6号，2006年）など。

長谷川直子（はせがわ・なおこ）

ヨーク大学大学院歴史学部修士課程修了。

主な業績として、「魔術と魔女狩り」指昭博編『はじめて学ぶイギリスの歴史と文化』（ミネルヴァ書房，近刊）、W．ベーリンガー『魔女と魔女狩り』（翻訳，刀水書房，近刊）など。

山本信太郎（やまもと・しんたろう）

立教大学大学院文学研究科博士課程単位取得満期退学。現神奈川大学外国語学部国際文化交流学科助教。博士（文学，立教大学）。

執筆者紹介

編者

指　昭博（さし・あきひろ）
1957 年岸和田市生まれ。大阪大学文学部西洋史専攻卒業、大阪大学大学院文学研究科博士課程単位取得満期退学。現神戸市外国語大学教授。博士（文学，大阪大学）。
主な業績として、『イギリス宗教改革の光と影――メアリとエリザベスの時代』（ミネルヴァ書房，2010 年）、『イギリス発見の旅――学者と女性と観光客』（刀水書房，2010 年）、『図説イギリスの歴史』（河出書房新社，2002 年）など。

執筆者（50 音順）

井内太郎（いない・たろう）
広島大学大学院文学研究科博士課程中途退学。現広島大学大学院文学研究科教授。博士（文学，広島大学）。
主な業績として、P. コリンソン『オックスフォード　ブリテン諸島の歴史　6』（監訳，慶應義塾大学出版会，2010 年）、「凱旋入市式にみるルネサンス君主像」指昭博編『王はいかに受け入れられたか』（刀水書房，2007 年）、『16 世紀イングランド行財政史研究』（広島大学出版会，2006 年）など。

小林麻衣子（こばやし・まいこ）
一橋大学大学院社会学研究科修了。現立教女学院短期大学英語科准教授。博士（社会学，一橋大学）。
主な業績として、「16 世紀スコットランドにおける歴史観――王権の起源をめぐる二つの解釈」（『西洋史学』第 237 号，2010 年）、「英国人のグランドツアー――その起源と歴史的発展」『Booklet18：文化観光『観光』のリマスタリング』（慶應義塾大学アート・センター，2010 年）、「一六世紀スコットランドにおける君主への助言」日本カレドニア学会編『スコットランドの歴史と文化』（明石書店，2008 年）など。

ヘンリ8世の迷宮――イギリスのルネサンス君主

2012年6月30日　初版第1刷発行

編　者　　指　昭　博
発行者　　齊藤万壽子

〒606-8224　京都市左京区北白川京大農学部前
発行所　株式会社　昭和堂
振替口座　01060-5-9347
TEL（075）706-8818／FAX（075）706-8878

印刷　亜細亜印刷

ISBN978-4-8122-1228-8
＊乱丁・落丁本はお取り替えいたします。
Printed in Japan